［改訂新版］人間向上の秘訣

幸せをつかむヒント

とっておきの

町田達是
Machida Satoshi

たま出版

まえがき

私たち人間の歴史は、ある意味では「勉強」の歴史でした。そして、現代でも、多くの人たちは学校へ行ったり本を読んだり、各種のセミナーに行ったりしております。一体、何のためにでしょうか？　それは、誰もが幸福になるにはどうしたらよいかを知りたいからです。また、世の中が平穏になることを願っているからです。しかしながら、私たち人間はいつの時代も悩んできました。社会も、いつまで経っても良くなってはいきませんでした。

それは、そのはずです。人間が本当に幸せになれる教えは少なかったし、また、たとえどんなに正しいことを学んでもそれを実践していかなければ、学びのために時間と資源をムダ使いしたに過ぎなかったからです。

本を百冊読んだとしても教養として受け流しているだけでは、本人を強運にし、人生を変える役には立たなかったからです。

ところで、私たちが強運をつかみ、人生を変えるためには宇宙真理に則った正しいものの考え方をして、正しい生き方をする必要があります。このことを抜きにして強運を得たり、幸福になったりできる、小手先のうまい道は決してないということをよく知っておく必要があります。つまり、何かの「方法」で強運、幸福を得ることはできないのです。

確かに運を強くしたり、幸福を得るために役に立つ「コツ」はいろいろあります。しかしながら、それらはあくまで、ものの考え方、生き方が道に適った人格の高い人が行なってはじめて効を奏するものであって、今までの間違った考え方、生き方を改めずに、「コツ」だけを実行したとしても本人の運命は好転してはいきません。

真理を学び、本当に自分のものの考え方、生き方を正していけば、「コツ」は省略できるといっても過言ではないのです。

そんな理由で、本書では、「正しいものの考え方、正しい生き方」にポイントを置きました。

またどんな時代でも、その時代を正しく把握している人は強いのです。その時代の特性を正しくつかんでいれば、何をすべきか、また何をしてはならないか、がはっきりするからです。わからないから、不安なのです。本書では、そんなことも十分わかるようにしました。

本書を手にとって下さいました、ご縁深きあなた様が、より強運で、幸福な人生を掌中にされるための参考にして下されば幸いです。

＊目　次

目次

現在の不景気は、「普景気」である　81
新しい日本の年号「平成」の持つ意味　84
私たちはいま、考え方・生き方の大転換を迫られている　85

第六章　世の終末的危機を招いたのは、人間のどのような想いか　89

人類の歴史は悪業の歴史である　91
日本人の平均寿命は二〇歳？　96
思い上がりの極にいる人類　98
魑魅魍魎が跋扈する現代宗教の誤り　99

第七章　運命好転の秘訣
——人格を高めることで、すべてが変わり始める　103

幸福の原動力　105
徳を積む方法　107
徳には、陽徳と陰徳がある　110
本当の損得に敏感になろう　111
心とお金、どちらが大切？　115

目　次

第八章　これだけは、心に叩きこんで生きよう！　145

目　次

第一章◆見える世界と見えない世界の密接な関係

この世（見える世界）は見えない世界の映像である

世の中には、普通、私たちの目にとらえられる世界と見えない世界が存在します。そして、目に見える世界は、目に見えない世界から見れば、ほんの一部に過ぎないのです。

図（一六～一七ページ）を見ていただきたいのですが、真ん中の線から左側が、見えない世界、線から右側が、見える世界です。私たちは、この沙婆《しゃば》世界に生かされておりますので、身のまわりにいろいろな問題が起きてきます。そして、身体の病気、心の病気、不況、失業、倒産、家庭問題、争い等、すべては、その人自身の運命（線から左側）の病気なのです。

たとえば、ある人が、病気になったとします。

現れの世界だけ、つまり目に見える世界だけがすべてだと思っている人の多い現代では、病気の様相が映し出されている映画のスクリーン、またはテレビジョンの画面

見えない世界	見える世界
映写機	映画のスクリーン
放送局	TV
あや吊り人間の あや吊り玉 〔自分・そのもの〕	あや吊り人形 〔肉体〕
ラジコン・カーの 操縦機	ラジコン・カー
月	池に映った月
山の据野	山の頂上
樹木の根	樹木
とかげ	とかげの尾

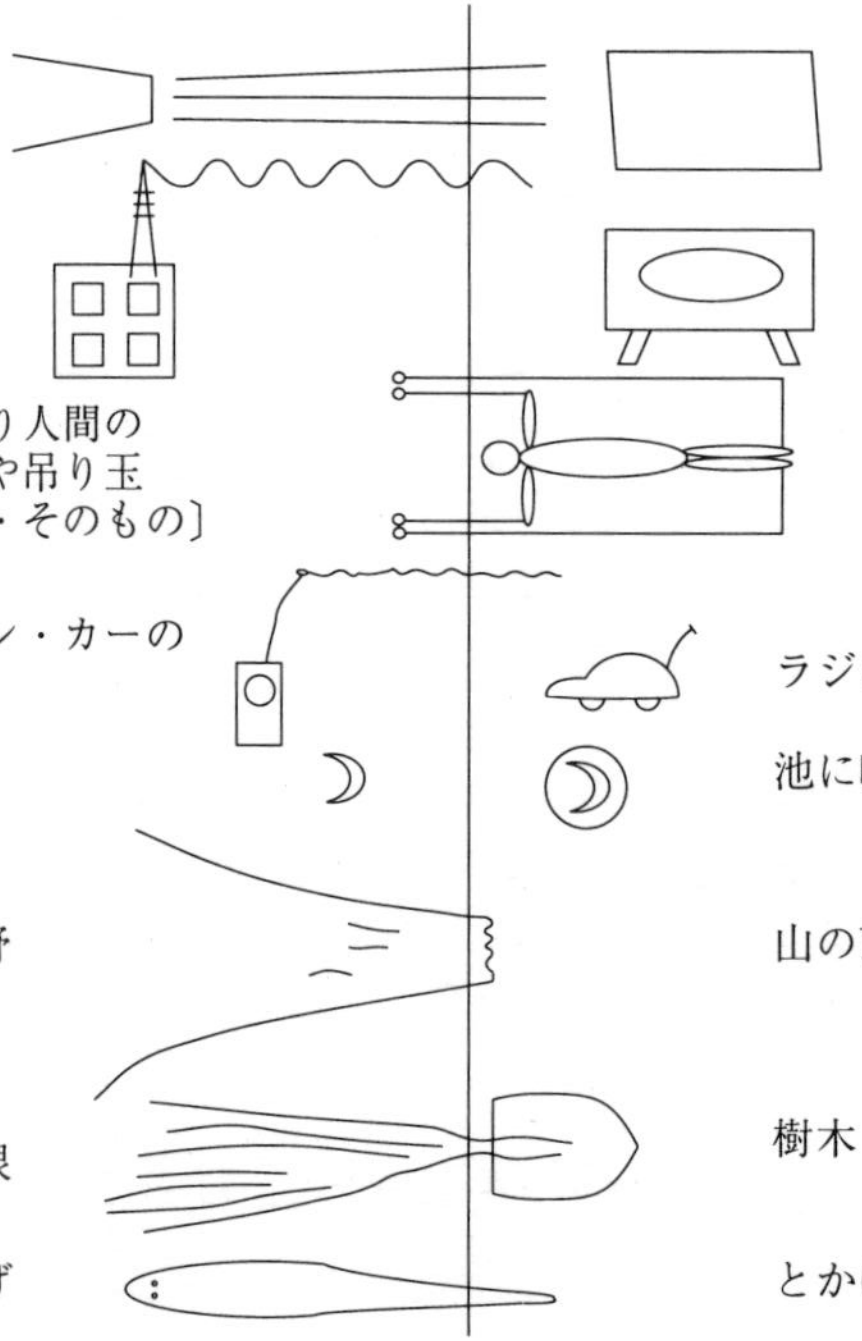

見えない世界

過去
過去世
実在
本体
本質
実体
実質
実像
存在
有
真実
御先祖様
本物
元
源
基
原因
本来の姿
全体（像）
心
志
想い
運命
意識

見える世界

現在
今
現象（界）
現実
非実在
虚像
非存在
無
錯覚
子孫
影
結果
現れ
表れ
肉体（界）
一部分
幻
浮世
映像
写し

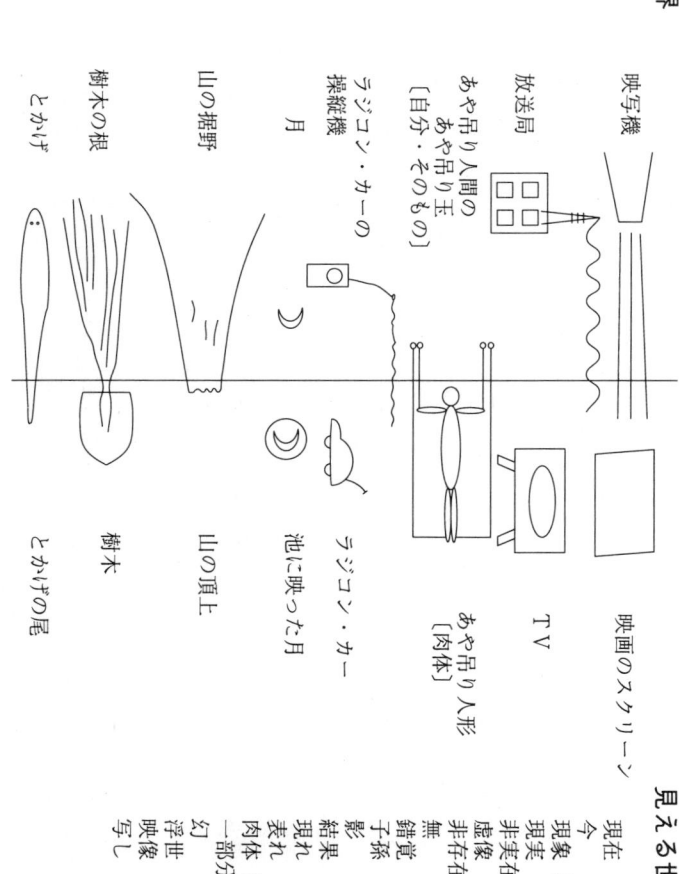

象			象の鼻
入道雲	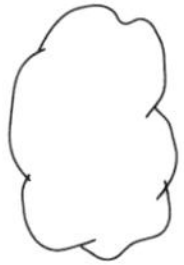		雨粒
その人が過去（世）からひっぱって来た独自の運命			その人に与えられた生年月日時
〃			その人に与えられた姓名
〃			その人に与えられた各種の相
上空の天気			下界の天気
正しい神様			神社
その人の心			その人の行い
人間の心			社会の状態
難病完治，難問解決・幸福掌握のための9ヵ条			難病完治，難問解決・幸福掌握のための13ヵ条

のみを見て、「病気だ！　大変だ！」と騒いでいるわけです。

それらの症状が、単なる「現われ」、「映像」、「写し」、「非実在」、「影」であることに気づかずに、そのスクリーンや画面（症状）に薬を与えたり、場合によっては、そのスクリーンや画面を手術で切ってしまったりしているわけです。

しかしながら、実際には真ん中の線から右側は「無」の世界で、病気はもちろんのこと、すべてが「非実在」なのですから、手術しただけでは、病気そのものを、元から治したことにはならないのです。

それはそのはずです。単なる白幕に過ぎない映画のスクリーンや電波（映像）受信機である、テレビジョンの画面を傷つけても、映写機の中にあるフィルムやテレビ局で流している番組そのものに、変化を与えることはできないからです。

心がすべてを創っている

それでは、どうすればよいのでしょうか。一言《ひとこと》で申し上げれば、それぞれの問題の原因を解決すればよいのです。そして、原因とは、その人の過去や、数ある過去世での想いや行ない、生き方であり、また、その人のご先祖様の想いや行ない、生き方であるわけです。つまり、心なのです。

大神様が、御心《みこころ》一つで、この大宇宙を創成なされましたのと同様に、私たちの人生もすべては、自分の心が創作したものなのです。

そして、たった一つ、己の心（真ん中の線から左側）さえ変われば、真ん中の線から右側の世界の何も彼《か》もを変えることができるのです。そしてまた、

各人の心を変えるためには、各人の運命から変えなくてはならないのです。各人が持っている心（性情）そのものが、運命だからです。また、各人の運命を変えるためには、各人の心を変えなくてはならないのです。

各人が持っている運命は、各人の心が丹精こめて織り上げた、「芸術品」以外の何《なに》物《もの》でもないからです。

人間の心、または人間の運命を根こそぎ変革させるためには、まず人間の心や運命が、何によって支配されているかを見極める研究から入らなくてはなりません。

見えない世界を良くしなければ、見える世界は良くならない

たとえば、ある方のご先祖様が原因で、その方の子孫が病気の状態にあるとします。この場合、主にその先祖が縁の深い子孫などにすがって来ている場合と、先祖の誰かが世の人々を苦しめた結果、その苦しめられた人々の恨みの想いが来ている場合とがあります。

ここでは、ご先祖様が直接子孫にすがるケースについて、お話しします。

たとえばこの肉体界にいる時に無神論であった人が、何らかの病気をきっかけに、苦しみながらこの世を去ったとします。この方にとりましては、人間とは即ち、肉体そのものです。

でありますから、この世を去っても、まだ肉体が有ると思っているのです。「大宇宙の法則」により、「その人が有ると思うものは、有ると思っている限り（間）は存在する」ので、病気の苦しみや痛みが、この世を去った後も継続するのです。

その上、無神論の結果として、到底救われ難い「暗黒の世界」に転落してしまうために、その苦痛はなおさらなのです。

そこで揚句の果てに、少しでもその苦しみから救われたいと、有縁の子孫に「助けてくれ！」と、絶叫の念を送ってくるのです。その念（放送）を受けた子孫の身の上には、その先祖がかかった病気と同様の状態が現れてきます。

ところが、この病気の本質を知らない子孫たちは、自らの肉体が（偶然）故障したのだと考え、その肉体そのもの、つまりスクリーンに投影された影を直そう（治そう）とします。

しかしながら、映写機のフィルム（先祖）そのものを治さなくてはスクリーン（子孫）に健康状態が現れるはずはないし、テレビ局（先祖）の方が良い内容の番組を放送・送信しない限り（幸せでない限り）、テレビジョンの画面（子孫）に良い内容の番組（運命）が現れるはずもないのです。

そこで私たちは、この現象界から霊的世界のご先祖たちに向けて、遅まきながら「真理の教育」をさせていただくのです。それが、いわゆる先祖供養なのです。

見える世界と見えない世界の密接な関係

子孫たちからの供養を正しい方法で繰り返し受けたご先祖たちは、少しずつではありますが真理に目覚め、人間が単なる肉体のみの存在ではないことに気づいていくようになるのです。

そうして、霊的世界へ移った（この世を去った）ご先祖の心境は少しずつ高まっていくのです。そのご先祖の心境が高まってくれれば、自ずと修行の場も変わって（上がって）いきますから、その相乗効果で、ご本人の苦痛も次第に和らいでいくようになります。

ご先祖の苦痛が和らいでくれれば、子孫にすがりついて、助けを乞うような情けないことをしなくてもよくなりますので、自ずと子孫の身の上に現れた、病気と見える症状は消え失せてしまいます。

それはちょうど、上映中の映画も映写機のスイッチを切ってしまえば、たちまち、スクリーンからはすべての映像が消え去ってしまう理屈と同様です。

第二章◆大宇宙の法則

大宇宙の法則の根本原理

「大宇宙の法則」の根本は唯一、「すべてのすべては、その人が思った通りになる」という一言《ひとこと》に尽きます。この大宇宙では、この肉体界にいようが、神界へ昇ろうが、何時、どこで何をするにも、「自分が思った通り」になるようにできているのです。

私が、このようなことをお話ししますと、「私の人生は、自分の思った通りにはなっていないけれども、どういうことか？」といわれる方がいますが、実はその方も含めて、すべての人間は自分が思った通り、自分が創作した通りの人生を歩み続けているのです。

それはどういうことかといいますと、人間はもともと神様の子供（分《わ》け御魂《みたま》）、つまりは神様でありますから、限りない善なのです。本当は善も悪もないのですが、あえていえば、善です。善でありますから、自らが数ある過去世の人生の中で続けてきました誤ちを、一刻も早く償いたいという想いが各々の胸の奥にあるのです。そして病気、事業不振、倒産等々、大小様々な問題で悩み苦しむことによって、魂が納得してそれらを償っているのです。

ですから、誰も彼もちゃんと「願い」が叶って、自分が望んだ通りに病気になったりしているわけです。そして自分が決めた通りの家族、境遇、仕事等を持っているわけです。

決して、神様が「我が子」に罰をあたえようとしているのではないのです。昔から「馬鹿ほど、可愛《かわい》い」というではありませんか。なにしろ、愛《いと》しの我が子なのですから……。

ところで、では何でも強く想っていれば願いが叶うのか、ということで、たとえばいつも、富、富と念じ続けていれば、億万長者になれますよ！　というような「教え」もありますけれども、私は、決してそのような、霊的に危険なことをおすすめしているのではありませんので、念のためにいっておきます。

「すべてのすべては、その人が思った通りになる」という法則をもう少しわかりやすく表現すると、「すべてのすべては、その人が信じて、採用した考え通りの世界が、その人の周囲に存在しはじめる」ということです。

そして、とっても大切なことは、「その人が望まなかったことは、決してその人の身の上には起きてこない」という事実（法則）なのです。

ですから、「私の病気、治るのでしょうか？」と、他人様《ひとさま》にお伺いを立てていますが、あれはおかしいのです。すべては、自分の権限と責任で決めることなのです。自らの運命を他人に伺ったり、決めてもらったりしてはいけませんし、またそんなことはできないのですから。

その人が、本当に病気を棄《す》ててしまえば（すべては、必ず良くなるに決まっているのだ！と思い、病気を忘れてしまえば）、必ず良くなりますし、逆に、そのうち何か良くないことが起きるのではないかと、いつもビクビクしていれば、やっぱり不都合なことが起きてきたりします。

ですから、尊い自分の運命を他人に決めてもらったり、予言してもらったりするのではなくて、力むとかえって困りますけれども、やはり「私は、より幸せになるのだ！　幸せなのだ！」と思っている必要はあるわけです。

ただし、「幸せになれば、そりゃ幸せだと思えるけれども、今は、とてもじゃないけど、幸せではない……」等と不満ばかり多い人には、いつまで経っても幸せはやってこないでありましょう。

ちなみに、いつの時代にもいわゆる超能力・超常能力という、普通の人ができないことをやって見せて自慢している人たちがおりますけれども、それは、その人たちの背後に働く自我の強い霊の力と、その人たちが「私にはできる」と思っている心の力によるものなのです。

彼らはよくいえば、人間の心が持っている、とてつもない無限の力を信じ、認識しているわけです。

大きなことを成し遂げた人と、そうでない人の違いというものはいろいろありますけれども、要は、自分にそれができると思えたか、思えなかったか、だけの違いなのです。何ごとも、「私には、そんなことができるはずはない」と思っていれば、永久にできるはずはないのです。

大宇宙の法則とは

①類は友を呼ぶ

まず、「類友の法則」というのがあります。「類は友を呼ぶ」、「類を持って集まる」、「笑う門には福来たる」、「因縁、寄せて守護する」という法則です。簡単にいえば、似た者同士が集うということです。

人間は、様々なグループを作って生活しているわけですけれども、結局は、何かしら共通点がある者同士が仲間になっているということなのです。

当然のことながら、縁のない人同士が出会うことは有り得ないということです。

ですから、たとえば皆さんが様々な勉強会に行かれた時、隣りに座った人と離れたところに座った人とでは、やはり縁の濃さが違うわけです。

そして、もしその中で、自分だけは他のメンバーより、(少しは)偉いんだ！ 等と思っている人があっても、そんなことはないわけです。何ごとも、大体、同じレベルの人が集まるようになっているのです。

よく、「私は友だちに恵まれていない。変な友だちばかりなのでいい仕事は来ないし、プラスにならない」と、自分の不運を友だちや知人の責任にしている人がいますけれども、実はそれは、友だちのせいではないのです。

大体自分が変な奴だから、変な友だちばかり持つのですから……。

何ごともすべては自分にあるのでして、決して相手方や、環境や、世の中が悪いのではありません。

実は、自分が変わることこそが、この世の中を変えることなのです。自分が襟《えり》を正さずして、世界が良くなるはずはないのです。

まともな人たちとお付き合いをしたければ、まず自分をまともにしなければ、そのような縁はやって来ないのです。

自分のことを棚に上げて、「俺のまわりは、おかしな奴ばかりだ!」などといっても笑われるだけで、その人は宇宙の法則を知らないのです。

そしてたった一人、自分さえ変われば、(成長すれば)その友だちや知人も変わっていく（成長していく）ものなのです。もし友だちや知人が変わらないとすれば、自分は、自ずとそのグループとは離れていくようになるはずです。

よく世間には、長年お付き合いが続いている友人、知人を何人も持っている方がいます。

それは、その方の人徳の賜物《たまもの》でありますが、その一面、その方の成長が遅いということにもなるのです。一人の人間が本当に自分を磨き、成長させて行く努力を続けたならば、周囲の人間関係は自ずと変わっていくはずだからです。

②書いたり、言葉に出したりしたことは、やがて形となって現れる

この章のはじめでお話しさせていただきました通り、「思ったことは、やがて形となって現れる」のです。

思ったこと、書いたこと、口に出したこと、行なったことは早晩、必ず結果を生じます。

いつも病気の話ばかりしていれば、「病気」という言葉が自分にインプット（入力）

されますから、「インプットされたものは、やがて形となって現れる」という法則により、やがてその人も病気になってしまうのです。

ですから、毎日朝から晩まで病気の話ばかりに囲まれているお医者さん、看護婦さん、治療師さん等は相当の器がない限りは、負担が大きいお仕事なのです。

また、テレビや新聞、雑誌等で報道することはほとんどが他人様《ひとさま》の不幸ですから、それらを夢中になって見聴きしていれば、自分の運命も、自ずと不幸になっていくに決まっているのです。

私たち肉体人間というのは困ったもので、他人の不幸は、案外お茶でも飲みながら、おもしろがって見聴きしていられるものなのです。

一九九四年七月一七日、木星に慧星が衝突した時も、「稀《まれ》に見る天体ショーをお楽しみ下さい」と、報道していたくらいですから……。

このことが、何を意味するのか？　私たち地球世界の人間にとって、どのような意味を持つのかを考えないから、このように、呑気《のんき》で恐ろしいことをいっていられるわけです。これが、自分たちの住む地球のことだったら、一体どうするつもりなのでしようか。

そうです。他人様《ひとさま》の不幸ばかりをおもしろげに流すテレビや新聞を、私が見ない理由はそこにあるのです。

もし、あらゆるマスコミが「他人様《ひとさま》の不幸等、楽しくないことを報道してはいけない」と決めてくれれば、この地球世界は飛躍的に良くなると思うのです。それは何故かといいますと、世の中のすべては波動、心の波でできているからです。毎日楽しいこと、明るいことばかりを流してくれれば、自然と世の中がそういう雰囲気になっていくからです。

ですから皆さんも、くれぐれも「今年の十大ニュース」等に夢中にならないでほしいものです。

自分の家の中に「不幸（有害）波動」を持ち込みたくなかったら、「シャット・アウト・ザ・ニュース！」です。そんなわけで、私の会の皆さんはテレビ・新聞を見ないので、ときどき私が「最近世の中、どう？」と尋ねても、「新聞、取るのをやめちゃったから知りませんん」となるのです。

しかし、そのようなことの積み重ねが、結局は自分を守り、家族を守ることになるのです。

私たち肉体人間は、すでに入っている宇宙史上はじめての、「何も彼《か》もが、まったく新しい時代」に、乗り遅れてはならないのです。いいですか？　決して学校では、こんなことは教えてくれないのですよ。

いま世の中でどのようなことが起きていても、それを知らなければ、そうでなくても乱れやすい自分の心境を、いつも清々しく保っていられるのです。

そして自分の心さえ清々しければ、自ずと自分の運命もさわやかなものになっていき、自分の運命がさわやかなものになっていけば、今度はその力でこの腐りきった世の中に、「清水」を流すことができるのです。

皆さんがもし、〝波動〟の力をお試しになりたければ、家じゅうに「不運」と紙にでも書いてくまなく貼って下さい。そうすれば、ものの見事に不運が訪れますから……。

③上りつめたものは、下降する

たとえば、ある歌手がレコード大賞を受賞したとします。この人が、その翌年も大賞を取れるかというと、普通は難しいことです。

一番になったということは、後は下降線を辿《たど》るよ、ということだからです。

多くの人は、自分が幸福の絶頂に立った時、その幸福がこれからも続くものだと、錯覚します。しかしながらこの沙婆《しゃば》世界は妬みも渦巻き、月満ちた時は、すでに欠けのはじまりであるのです。

この宇宙というのは、瞬々刻々、進歩・進化し移り変わっていくのであり、今日の王が、決して明日の王ではなく、また今日の奴隷が、決して明日の奴隷ではないのです。

上がった者は下り、また、落ちたものは、今度は上昇していくのです。

④すべては、カルマが消えるために現われる

ところで宗教によりましては、「様々な問題が起きた分、その人の業《ごう》（カルマ）が

減るのですよ」と教えてくれますが、それはまったくその通りなのですが、あえてその奥をいいますと、「その人のカルマ（借金）を返すためにこそ、いろいろな問題が起きてくる」わけです。

「すべては、消えるための現われ」なのです。ですから、本来は、どのようなことも「良いこと」であり、感謝しなくてはならないのです。

たとえ、地震が起きたとしましても、それは、地球の地軸がひどく狂わないうちに修正をして、地球世界を守ろうとする天の御働《み》きであって、調節なのです。もちろん、私たち肉体人間がもっと成長すれば、その和の心（波動）によって、一切の天変地異はなくなるのですが……。

⑤力を抜くことですべてがうまくいく

とにかく「大宇宙の法則」の根本原理は、「すべては、自分の思った通りになる」ということなのですが、だからといって、力んで、何かを「イメージ」することをお勧めしているのではありません。

力みは自我、つまり業《ごう》（カルマ）でありますから、力みのあるところに「魔」が入り込み、本人の運命、魂を滅茶苦茶にしてしまうからです。

⑥努力逆転の法則

願いごとは、とかく第一願望より、第二願望の方が容易に達成されることが多いのです。それは、誰しも第一願望には大きな執着があり、「どうしても」という気持ちが強いので、かえってそれがとらわれとなってダメなのでしょう。

思っていなければ実現しないし、かといってとらわれてはいけない。なかなか難しいのです。

第三章◆幸せになるための考え方

――「難病完治、難問完全解決・幸福掌握のための九ヵ条」

「難病完治、難問完全解決・幸福掌握のための九ヵ条」の意味

「難病完治、難問完全解決・幸福掌握のための九ヵ条」には、次の二つの意味があります。

① 第二章の「大宇宙の法則」と並んで、一宗一派に偏《かた》らない、また相反しない、普遍の真理そのものであるということ。そして、普遍の真理を知らなければ、何かを考える時、その正しい物差しがないのですから、どうにもならないのです（恐ろしいことに、世のほとんどすべての人が、この物差しを持たずに人生を過ごしているわけです）。

② 人間が幸せになるために、絶対に必要な基本的な考え方、生き方の秘訣、そのものであること。

〈これに対して、「難病完治、難問完全解決・幸福掌握のための一三ヵ条」は、人間の運命を支配する要因、人間が幸せになるために絶対に必要な、具体的な方法・コツで

す〉。

いつの時代にも、真理をつかんだ人は強いものです。物事の根本原理を知る人は、真理から派生した、この世の中のあらゆる学問、知識をも把握したことになるからです。

逆に、真理をつかんでいない人たちは、もし、学問、知識を習得していても、それは砂上の楼閣《ろうかく》、根っ子のない樹木と同じなのです。

正しい基礎（真理）のない地盤に大きな建物（学問、知識）を建てたら、どうなりますか？　当然のことながら、それらはひっくり返ってしまいます。

ちなみに、ご先祖様に力がない家系の子孫の運命も同様です。

真の幸福とは何かを知る〈第一条〉

まず、幸福とは何かということを正しく知ることが、幸福への第一歩、つまり第一条なのです。

真の幸福とは、次の四つの幸福がすべてそろった状態を意味します。

一、霊的幸福
二、精神的幸福
三、肉体的幸福
四、物質的幸福

①霊的幸福

まず霊的幸福とは、一番大切な幸福です。すべての肉体人間は、この肉体世界において勉強、修行、生活を続けている限り、正しい神様の世界（正神界）と誤てる神様の世界（邪神界）の影響を背後から受けているわけですが（このことさえ、知らない人がほとんどですが）、今、大神様が、宇宙創成以来、はじめてともいえる宇宙の大転換期にあって、この大宇宙全体を大きく進化、成長させようとしていられるのです。

特に私たちが住むこの地球世界は、今、まさに古き殻《から》を脱ぎ捨て、新たに、清らかな歴史を創る段階に入っているのです。それが、はじめからの大神様の計画、御心《み》だからであります。

ところが、それでは都合が悪いのが邪神界、魔界の霊団たちです。彼らは、八百萬《やおよろず》の神々様を汚れきった地球界に集合させて、今まさに地球人類を救おうとされておられる大神様に対抗して、あの手この手で、地球世界の全滅亡を企てているのです。その企《たくら》みは、かつて地球を過去六回の大天変地異が襲ったことでもおわかりのように、地球世界はじまって以来、一瞬も休むことなく続けられてきたのです。

そして、人心腐りきった今、まさに地球世界を滅亡させるチャンスであるのに、一歩間違えば肉体人間の業《ごう》（膿《うみ》）がいよいよ精算されて、その結果、この地球世界に「神の国」が誕生する可能性があるという状況になったために、とてもあわてているのです。

そこで、何とか世の中を混乱させようと、多くの人々にかつてないほどの力で憑依《ひょうい》しては、その器（肉体、頭脳）を使って悪さをするようになったのです。

自らが隙《すき》を狙《ねら》って入り込んだ肉体人間をこの世的に「成功」させて、社会的地位、お金等を与え、その人間の発言（あたかも、真理に見せかけた誤った教え）、行動、影響力によって世（人類）の滅亡を図っているのです。

その「犠牲者」の代表が政治家であったり、財界人であったり、実業家であったり、文化人、評論家であったり、世界に数多くある宗教の代表者であったりするのです。

つまり、「成功者」は、案外「魔」の力によって栄光や、勝利を得ていたりするのです。

ここで肝心なことは、かりにある人が成功し、この世的な幸福をつかんでも、それがもし「魔」の応援によるものであったら、特に霊的には取り返しがつかないほど、不幸なことになるということなのです。

「幸せになるのも成功するのも、あくまでも、正神界の援助によって」ということが何よりも大切なことです。

それには、自らの責任で魂（生命）をかけて正邪を見極めた上で正しい信仰を持つ、正真なる神様を敬うということが、絶対に必要なのです。なにしろ私たち人間は、肉体なき後、己が信じる「神」の世界に還るわけなのですから……。

②精神的幸福

次に精神的幸福についてですが、これは一言で申し上げれば、身体が丈夫であっても、たとえ金銭、物質的に恵まれていても、心が病気であればやはり幸福ではないということです。

③肉体的幸福

次に肉体的幸福ですが、たとえ物に不自由しなくとも、やはり身体が健康でなければ、とても幸福とはいえないのであります。

④物質的幸福

さらに物質的幸福ですが、たとえ健康に恵まれていても、名誉を得ても、やはりこの肉体世界は物質世界であり、貧乏をしたのでは、結局心も貧しくなってしまうということでもあります。

そして、この四つの幸福は、それぞれが深い関わりを持っています。

人間が幸福になるためには神様を敬い、先祖を大切にする〈第二条〉

人間が幸福になるためには何をさておいても、一にも二にも神様を敬《うやま》い、ご先祖様を大切にする心が必要です。

本来、誰しも神様の子供でありますから、ご先祖様を辿《たど》っていけば大神様に行きつくのですが、実際には神々様、そしてご先祖様というように分けて、敬意を払うことが必要です。

そしてたとえていえば、毎朝夕、地べたにひれ伏して神々様にご挨拶をするくらいでなければ、「神様だったら、私だって信じてますよ」等とはいえないはずなのです。なにしろ正神界の神々様は、あまりにも偉大な存在だからです。

あなたがもし、ちょっと何か不都合なことが起こると、「世の中、神も仏もない！」と思うようであれば、それは即、無神論者に等しいのであります。

また、自分が今日ここに存在させていただけるということは、自分にまつわるすべてのご先祖様が、ここに存在するということなのです。自分とは、代の古い先祖を底辺としたピラミッドの頂点であり、「タイム・トンネル」の出入口なのです。

そしてもし、数ある先祖の中でたった一人でも欠けていれば家系はつながらず、自分は今ここにいないのであるという、ごく当たり前の事実をよく再認識して、全力を挙げて、正しい方法による先祖供養に当たるべきです。

ちなみに先祖供養とは、ご先祖様へのご挨拶、お付き合いであり、感謝であり、また「供えて養う」というように、私たち子孫からご先祖様への「教育」（共に学ばせていただくこと）を意味します。

さらに重要なことは、神様の光によって先祖に力を付けることなのです。

よく、自分の先祖に病気治癒等、諸々のお願いごとをする方がおりますが、先祖の方で困っているから子孫にすがってくるのであり、お願いをしたいのは先祖の方なのです。

一番の先祖供養は、何といっても子孫である自分の心境、人格（霊格）の向上であることをくれぐれも肝に銘じておく必要があります。たった一人、自分さえ立派になれば、その光で先祖や子孫（縦）、そして親類、友人（横）も救われるからです。

すべての出来事は自分の責任。偶然は何一つとしてない〈第三条〉

私たちの身のまわりに起こってくるすべての出来事は、自分の責任です。

それ以外の何物でもありません。

肉体人間のほとんどが、こんな単純明快な真理を知らないから、「あの人が悪い！世の中が悪い！」といって、争い続けているわけです。

この宇宙では、自分がしたことのみが自分の身の上に返ってくるのであって、間違っても、降って湧いた（非合理な）災難などというものは存在しないのです。

もっとわかりやすくいえば、この宇宙では良いことにつけ、良くないことにつけ、過去に自分がしたことしか相手からされることはないのです。そしてそれも、自らの魂が望んだことなのです。

この条項を頭で理解するのではなく、よくよく心に刻み込んでいきたいものです。

そうすれば、相手を赦《ゆる》すことができるようになり、世の中から争いが減っていくに違いないのです。

ですから、自分が過去において、他人に何の施しもしていなければ、他から返ってくるものがあるはずもなく、いくら「イメージ」してもダメなのです。「天の銀行」に、「貯金」がないのですから……。

とにかく、他人から何か嫌なことをされたら、「あー、私は昔、この人（魂）にこんなひどいことをしたのか。悪かったなあ、ごめんなさい」と思えばいいのです。相手を責めず、かといって、決して自分をも責めず、ただそう受け留めればよいのです。これは、非常に大切なポイントです。

人間は皆、神様の子供である〈第四条〉

宗教・宗派によっては「神様は偉くて尊い存在だけれども、人間は罪深い、罪の子である」という、一見、謙虚ではあっても、誤てる教えを持つところがあります。

大神様を非常に高い位置に置いて、自らをへり下っている態度は、私たちも見倣う必要があるのですが、「人間、罪の子」という教えは真理に反しますので、困りものです。私たち人間は、あくまでも神様の分け御魂《みたま》であり、本来、罪深くも、穢《けが》れてもいない存在なのです。第一、本当は、罪も穢れも実在するものではないのですから……。

もちろんすべての動物、植物、鉱物等も、神様の子供なのでありますけれども、それらは、神様がお創りになったものであり、一方人間は、一瞬たりとも神様から離れることのない、一体なるものなのです。

そして「大宇宙の法則」は、あくまで「思った通りになる」でありますから、自らを罪深き「罪の子」だと思っていれば、何時《いつ》まで経《た》っても、人間の想いや行為は正しくなっていかないでしょう（卑下は傲慢《ごうまん》の一種です）。

今こそすべての人間が「私は神様の子供であります」と心にしかと銘打ち、宣言することによって、自らの想いや行ないを神様の子供らしくしていくべき時なのです。

すべてのことに感謝する心が大切〈第五条〉

この宇宙間で起きてくるすべてのことは、早く本来の状態、つまり完全、完璧な元の姿に戻ろうとするための働き、調整なのです。ですから本当は、世の中に悪いことというのはただの一つもないわけです。何ごとにも、感謝しなくてはならないのです。

地震だって火山の噴火だって、本当はありがたいことなのです。

もし、その業《ごう》エネルギーがそのまま蓄積されていけば、やがて地球上の人類が全滅してしまうようなことになることを考えれば、大難が小難で、つまり小出しですんでいるわけですから……。

すべてを天に全託する〈第六条〉

これも、大宇宙の真理であると同時に、私たちが本当の幸福をつかむための秘訣になると思いますが、幸せになりたかったら、一切合財《いっさいがっさい》を天（正しい神様）にお任せする勇気が必要になります。

確かに、人間は本来偉大な存在であるけれども、私たち肉体人間には何の力もないことを早く認め、いったん、すべてを神様にお預けする、お返しする（白紙委任状を預ける）ことが大切です。

第一、この宇宙に神様のものでないもの、神様そのもの（の御《み》働き）でないものはただの一つも存在しないわけですから……。

そしてすべてを天に任してしまえば、「能力開発」も、霊媒《れいばい》（チャネリング）による「前生？　調査？」も要らなくなってしまいます。

かりに人間に「潜在能力」というものがあるとしましても、それらを百パーセント「開発」するより、神様の「能力」一パーセントのほうが、はるかに凄《すご》いのですから、勇気を奮い立たして、力を抜いて、すべてを天にお任せした時にこそ、天から、無限の力が降り注いでくるのです。そしてその力のみが、正しい神様の世界からのものなのです。

ただし、念のために付け加えておきますが、天に任せるとは、何もしないで遊んでいることではなく、祈りの生活を基本にして、毎日の平凡な生活、当たり前の生活をきちんとまっとうしていくことなのです。

世の中には、私から見れば、変な目標を掲げて、変な信念を持って、変な努力をしている方が多いのですが、唯一必要なのは、神様に対する信念だけなのです。

人間、格好をつけてもダメです。徹底的に呑気《のんき》になって、赤子《あかご》のような心になって、すべてを親である神様にお任せするしかないのです。

すべてのものは一体、一つである〈第七条〉

人間が幸せになるためには、この地球世界を救うためには、二元的な考えを、即時止めるべきです。

もともと、すべては一体、一つなのであって、決して相対するものではないからです。

自分と相手、自国と他国、東洋医学と西洋医学、上と下、東本願寺と西本願寺、右翼と左翼、等とものごとを二つに分けていたら、永久に戦争はなくならないのです。「自分の国」といえば、必然的に「相手の国」という概念がでてきます。そして誰でも自国が可愛《かわい》いから、自国可愛さが、しまいには他国憎さになってしまうのです。

よく、「他人を憎むと、自分に返ってきますよ」といいますけれども、本当は、他人とは自分のことであり、もし人を憎めば、即ちそれは、自分を憎んだことになるのです。人を呪わば、穴二つなのです。そして、日常私たちが世間話と称して続けている、他人の悪口・陰口も同様です。他人の悪口を言えば、それは、即自分の悪口を言ったことになるのです。

第一、悪口は人間同士の責め、裁きであり、人間にとっては許されないことなのです。大神様でさえ、人間を裁くことはされないのですから……。

また、よく「人間は小宇宙である」といわれますけれども、実は大宇宙が人間でもあり、人間が大宇宙でもあるのであり、故に決して「大」と「小」というように、分けて考えるべきものではないのです。

そうです。人類は皆兄弟姉妹というより、人類は、皆一体なのであります。

余計なことを一切しないことが大切〈第八条〉

人間が幸せになるためには、とにかく余計なことをしないことが大切です。

私からいわせれば、皆さんは、してはいけないこと、しても意味がない余計なことをたくさんしているのです。

世の中には、「これさえ食べていれば、健康になるよ」「これさえ持っていれば、幸せになるよ」「これ、やらない人は、幸せにならないよ」等々、様々な脅し文句がいっぱいあるわけです。

しかし人間が本当に必要なものは、生まれてくる時にすべてちゃんと備わっているわけです。大愛である神様が、可愛い我が子を「丸裸」で肉体界に送り込むはずはないのです（生まれた時は、裸ではありますが）。

よく、自分のからだを見まわして、ぶら下がってないものは、本当は、人間が生きていくには要らないものなのです。

もし、学校の教科書が必ず必要な物だったら、腰のあたりにぶら下がっていてもよさそうなものですし、もし願望達成テープや瞑想機器が必ず必要だったら、それもどこかにくっ付いていていてもよさそうなものです。

そして、これがないといけない、あれを持たないといけないという話に一々乗っていると、気がついた頃には、家じゅう「グッズ」だらけになってしまいます。

いいですか？　皆さん。私たちはかりにも、神様の子供なのです。そりゃあ、イヌやネコではないから、洋服は着ますし靴も履《は》くでしょう（もっとも最近では、ペットたちも立派なドレスをお召しになっておりますが……）。

しかし、そんなに、あれもこれもビクビクして買い求めなくては、幸せになれないものでしょうか？

健康食、自然食をあさりさえすれば、本当にそれだけで健康になれるのでしょうか？

あるいは、自分の家だけ立派な浄水器を使えば、家族の健康管理はOK《オーケー》なのでしょうか？

私は思うのです。今まで食べ続けてきた様々な「有害食品」への感謝の心も、あらゆる生命を育《はぐく》む水への感謝の心も持ったことのない人たち、感じたことのない人たちが何をしても効果は薄いのではないかと……。それどころか、新しい物を開発、製造するために生じる資源（神様の御身体）、のムダ使い、公害の罪によって健康にはなり得ないだろうと……。

この際、はっきりといっておきましょう。

余計なことは、おやめなさいと。

余計なものは、捨ててしまいなさいと。

世の中には大した物も持たず、何の経典も持たず、いわゆるニューエイジ・グッズも持たず、精神世界という分野の存在も知らず、ごく平凡で、当たり前の生活をしている人がおります。案外こんな人こそ、健康で、幸福な人なのかも知れません。

それから余計なことの中で、特に注意を要するものがあります。

それは山にこもったり、滝を浴びたりの「修行」の数々等の霊的なことです。

「～させていただく」という気持ちが大切〈第九条〉

私たちは自らの幸せのために、何ごとをする時にも、「～させていただいているのだ。勉強させていただいているのだ」と思って臨《のぞ》むことが大切です。……それが真理なのですから。

世の中には「俺がめんどうを見てやった」「俺が治してやった」「俺が助けてやった」等と、声高《こわだか》にいう人もいるわけですけれども、そのような恩着せがましいことをいわない賢明な人間になりたいと思います。

ですから、万が一泥棒に入る時にしても、「泥棒に入らせていただく」わけですよ。まさか、「俺が泥棒してやった」と威張《いば》る人もないと思いますが。

以上が「九ヵ条」のポイントですけれども、とかく目先の、この世的なことが気になる方には、特に第三条は大切です。

自分が相手にしたことが返ってくるということは、自分が相手にした親切や施しも、当然返ってくるということです。

逆にいえば、「自分が社会に対して差し出した分しか、得ることはできない」ということなのです。

この大宇宙ではすべてははじめから一定であり、増えも減りもしていないのです。いくら、得をしたといいましても、それは、自らが過去に播《ま》いたものが返ってきたに過ぎず、また損をしたといいましても、それは、自らが過去において、他人様《ひとさま》や世間様に損を掛けたことのお返し（償い）を、自らの魂が望んでしているに過ぎないのです。

「ケチン坊さんは、絶対幸せにはなれない」と、いわれる由縁は、ここにあるのです。

ちなみに第十条として、「すべては借りものである」という項目を付け加えてもよいと思います。さらに今回、ここでは述べませんが、幸せになるための具体的な方法、人間の運命を決定づけている要因をまとめた「難病完治・難問完全解決・幸福掌握のための十三ヵ条」というものもあることを付け加えておきます。

第四章◆現代の霊的・精神世界ブームに仕掛けられた落し穴

霊的な世界に興味を持つことの危うさ

霊能力、超（常）能力、潜在能力開発、霊媒（チャネリング）、振り子占い（フーチ）、自動書記、瞑想、内観、各種のパワー療法、ヒーリング、ニューエイジ・グッズ等々、まさに今、精神世界は「百花繚乱」の観があります。

そして、一昔前であれば問題にされなかったであろう人たちがテレビに出演し、または雑誌の表紙を飾り、大きな組織を作っていく現代です。

もしあなたが、今ここに挙《あ》げたような事柄に興味を持っているとしたら、大かれ少なかれ注意していただきたいのです。

さて、どのような人たちが霊的なことに、関心を持つようになるのでしょうか。

一言で申し上げれば、邪神界や魔界の霊たちの餌食《えじき》になってしまった人たち、つまり彼らに見込まれて憑依されてしまった人たちが、霊的な現象にあこがれるようになるのです。

そして、霊的なことに関心を持っているから「魔」に入られるのではなく、すでにやられてしまっているからそのようなことに目が行き、心が向くようになるのです。

それらの世界の霊（団）たちに好かれるようになりますと、「わー、○○先生、すてき！　私も、あのような霊能者になりたいわー」「俺が教祖になって世の中を救うんだ。自分こそが救世主《メシヤ》なんだ」等と、いいはじめるのです。

また、家庭の主婦やサラリーマンの方々が「私もヒーラーになって、人助けをしよう！」等と、勇ましいことをいって、尊い普通の仕事、当たり前の仕事を投げ出すようになるのです。

こうなったら、よほど神々様のご加護か、悟りを開いた先祖、つまり私たちの守護霊様の強力なお導きがないかぎり、その誤りに気づくことはできないかも知れません。

何故かといいますと、霊的な世界に安易に興味を持つことの恐ろしさに気づくことは、何十生も唯物論であった人が、神様の世界や霊的世界を理解するようになることより、はるかに難しいからです。

人が唯物論を捨てるのに十生かかるとしたら、霊的世界の恐ろしさに気づくためには、あと百生かかるでありましょう。

もともとその方の家系がかなり守られていて、真に目覚めたご先祖様がいないと、その子孫は気づくことができないことでしょう。

ですから私が、セミナー、合宿、個人指導会等でいくら霊的世界に深入りすることの危険性をお話しさせていただいても、誰も気付かないわけです。

それが、その方の運命といえばそれまででありますけれども、心配なことです。

「魔」の力が人々を間違った世界へ引っ張り込もうとする力は、言葉では例えられないほどに強いものなのです。少しでも立ち直ろうとしている人があると、それはもう、あの手この手で引き戻そうとするのです。魔界側が望む人たちに授ける霊力は、その餌であるわけです。

何故でしょうか？　サタンたちは、今が地球世界、人類を全滅させる最後のチャンスだと考え、力を結集して、世界じゅうの人たちを、間違ったいわゆる霊的なことに目覚めさせ、ちょっと見、おもしろいそのようなことに夢中にさせていくことによって、本当の真理、神理に気づかせまいとしているのです。そして、そのすきに乗じて、世の中を滅ぼしてしまおうと企んでいるのです。

本当の真理に目覚めてしまう人々が増えれば、この地球世界が救われてしまい、やがては、病気も争いもない「地上天国」ができてしまうからです。

いいですか？　皆さん。今この瞬間、私たちが乗るこの地球丸は、沈没寸前です。本当に残された時間がないのです。

そして今という時は、今こそ地球世界を救おうとされておられる正神界の神々様と、今こそ人類を滅亡させようと躍起になっている魔界の霊団とが、最後の戦いを繰り広げている時なのです。

少しは、理解していただけるでしょうか？

安易に、霊的なことに心を奪われていることが、いかに罪になるかを（本人に自覚がなくても、その興味、イコール地球人類滅亡に、自ら加担していることになるのです）。

すっかり魔界（地獄）的になってしまった今の世の中

また、魔界に魂を奪われた人が圧倒的に多くなってしまった今、当然、この肉体界における「魔」の勢力が増し、世の中がすっかり魔界的になってしまったのです。各国間や自国の国内問題はもちろんのこと、近年、特にひどい人心腐敗は、まさにその現われといえます。

ところで、このような世の中になってきますと、「我こそが救世主《メシヤ》なり」等といいだす人が、次から次へと出てくるものです。しかしながら、このような言葉こそがおそれ多くも、ちゃっかり正神になりすました、偽神（邪神《まがつかみ》、魔）たちの常套《じょうとう》文句なのです。

「私には、神様が付いている」「私は、神様のお導きでやっている」「私は、天啓を受けた」「私は、天から選ばれた」「私は、○○パワーを天から授かった」「私は、悟った」「私は覚者なり」等々と語る場合も、多くあります。

実はそのような方たちは、魔界の輩《やから》たちに騙されているのです。そしてご本人は嘘をいっているつもりがないのですから、よけいに始末が悪いのです。

ましてや天照大御神《あまてらすおおみかみ》（天照坐皇大御神《あまてらしますすめおおみかみ》）、釈迦、イエス、弘法大師など、神仏や聖者の名を語り、また、彼らと仲間、同僚だなどといい、神仏や聖者の名前を利用するという、もっとも重大な罪を犯している自覚もないのですから、困りものなのです。

それはおそらく夢や、瞑想中等に霊たちにそそのかされて、その気になってしまったのですから、本人を責めても仕方がないともいえるのですが、「お前は、この世を救うメシヤなのだ」などとおだてられて、本気にする、自らの思い上がりも原因の一つになっているのです。

そのような方たちが、多くの人たちをも破滅に追い込んでいくことを考えますと、事は甚大なのであります。昔からいうではありませんか。

「贋キリストが増えた時、世は滅びる」と。

精神世界、霊的世界、宗教界のカルマ

誰もが、「自分が信じている先生だけは正しいのだ。聖者なのだ」と、思っているのです。

実は、この想い——独善、排他の想いこそが、底なしともいえる精神世界、霊的世界、宗教の世界の「業《ごう》」なのです。ですから皆さんは、くれぐれも「私の信じている先生だけが、本物です。神様なのです」と、いわないでいただきたいと思うのです。はっきり申し上げておきますが、この現象界で、肉体を持って修行をさせていただいている私たちは、すべて人間なのです。また、それで十分なのです。

それに、○○パワーでは、病気を根本的には治せないでしょう。かりに、その場では治ったように見えても、それはその霊能者などの背後にいる霊たちの持つ、粗《あら》い（汚い）けれども、やや強い波動（パワー）によって、一時的に現象（症状）が消えたように見えるだけなのです。

第一、彼ら（霊）に借りを作ったら後が大変ですし、一時的におとなしくなった、病気の原因になっている霊にも、さらに恨まれることになりかねません。

正神界の掟・真理を知ることが大切

私たち人間は、かりにも大神様の子供でありますから、決して卑《いや》しき霊にそそのかされることなく、以下に挙げる正しい神様の世界の「掟《おきて》」をよく学んで、それを守っていかなくてはなりません。

・すべての現象は、その人の守護霊様が天界との相談の結果、その人に与えた課題、宿題であるから、みだりにその修行を邪魔してはいけない。

たとえば病気の人に対して、安易に○○パワーなどを用いることは許されない。神々様は大愛ですから、その人が次から次へ罪の上塗りをしないように、（病院などで）「休養」をとらせているのである。

・個々の人間が抱えている諸々の問題の解決は、その本人が本当の真理に目覚め、反省し、自らの心境を高め、正しい方法によって運命を改善していくなかで自ずと解決していくものであり、また、他に解決法はない。

・肉体人間の務めは、この目に見える世界の仕事に励み、ごく当たり前の生活をする中で自分を高めていくことであって、いたずらに、見えない世界を垣間見たり、いわゆる超能力、霊能力などというものを欲したり、教えたりしてはならない。この肉体世界においては、この肉体世界でしなくてはならない修行があるわけで、わざわざ霊的世界にあこがれることは、誤りであるし、してはならないことである。

霊力等を望めば応えて（授けて）くれるでしょうが、それらの多くは「魔」によるものでしょう。それを知ることです。

また見える世界にも様々な階層があるように、見えない世界には、それはピンからキリまでの世界があります。低次元世界の霊が見せてくれる様々な現象は、正神界の神々様とは何の関係もないことです。

どうして神様が、空中から何かを出して見せて、自慢する必要がありましょう？

本当の神様は何かを見せたり、自ら神だと語ったりは、されないのであります。「見せない、出さない、言わない」のであります。

〝本当の信念〟とは力を抜くことである。力みは魔に通じる

ここで、ブームが続いています、いわゆる「潜在能力開発」「イメージ・コントロール」「自己啓発」について、少しお話しします。

このような書籍もいろいろ出ているようですが、これは、超（常）能力、霊能力ブームと並んで、「魔界」が人間世界に送り込んだ「教え」なのです。しかしこれも実《まこと》しやかに作られていますので、普通は、どこが誤りなのか、気づくことはできないでしょう。

あのような勉強をしますと、必ず信念ということを教わります。強い信念を持ち続けなさい……と。

しかし、本当の信念とは、力を抜くことなのです。人間は、少しでも力みを捨てて、

すべてを神様にお任せしなくてはならないのに、「人間の力」とか「俺の力」で何とかしようと教えるわけですから、ますます力が入って、神様から遠く離れてしまうのです。たとえば、合気道の植芝先生のように、完全に力を抜き切ってしまうことが力を得る極意なのですから。

そして目標を立てて、信念を持って「イメージ」をすれば、それらはすべて「念」「自我」「呪い」「業《ごう》」ですから、そのようなことをやっている人のところへは「類は友を呼ぶ」の法則によって、「待ってました」とばかりに「魔」が入ってくるのです。そして「魔」が入ってくれば、もしかしたらその力で、願いごとが叶うかもしれない。一時的に叶うかもしれないけれども、決してその人は幸せにはなれないし、霊的に取り返しのつかないことになってしまうのです。

毎日をよりよく生きるための三つの指針

大体目標というものは、私たちの数ある過去世のすべてをお見透しである守護霊様が立てた上で私たちを昼夜導いて下さっているのであって、明日のことさえわからない私たち肉体人間が、勝手に立ててはいけないのです。そんな権利はないのです。第一、立ててもその通りにはなりません。

ひたすら日々の生活をまっとうし、自分の向上を心掛けていく——これが、人間の務めなのです。明日がある、という思い上がりがあるから先々の目標を立てるのであって、毎日、〝一日一生〟と思って生きていれば、極端にいえば、そんなものは要らないのです（本来、目標は必要。それがないとそこへ至る切符も買えない）。

そして諸々の力みを捨てる代わりに、私たちが今しなくてはならないことは、次の三つです。

一、すべてをありのままに受け止めて、世の中に、悪いことというものが存在しないことを理解する——全肯定。

二、すべてのことが良いことだということがわかれば、すべてに感謝できる——全感謝。

三、すべてに感謝できるようになれば、それはすでにすべてを天に任せた心境——全託。

第五章◆いま宇宙規模で、急速に時代が変わりつつある！

――身の安全と事業繁栄にはこの方法しかない

未来のスクリーンに何を映しだすかは、私たち一人ひとりの心にかかっている

たとえようもないほど長いこの大宇宙の歴史において、この地球世界の歴史においても、今日ほど特異な瞬間は、後にも先にも決してないのです。うまくいけば、いよいよ、地球世界の完成（平成、つまり、平らになる）。一歩間違えば、全滅亡……。

世の中を救うお役があったのか？　よほど、過去世で罪業を積んできたのか？　今この自爆寸前の地球号の乗組員である、私たち……。

争っている暇はありません。もはや勉強の時ではない、ディスカッションの時ではないのです。

この地球世界という、かけがえのないスクリーンに、いよいよ地上天国を映しだすか。それとも、地獄世界を映しだして滅亡させてしまうかは、私たち一人ひとりの心にかかっています。

私たちは今この瞬間に、よくよく考えてみる必要があります。

皇紀二六五五年（西暦一九九五年）を数える今、何故《なぜ》自分がここに、生かされているのか？　と。そして、何をしなければならないのか？　何をしてはならないのかと……。

皆さんは、古今東西、あらゆる預言書、予言書が伝わっていることをご存知だと思いますが、そのそれぞれの信憑性《しんぴょうせい》のほどは別としても、今、私たち地球人類の身の上に、終末的危機がおそいかかっていることは確かなことなのです。そしてそれらは、すべて肉体人類自らが招いた結果であり、自浄作用なのです。

そこで、事の重大さを認識された大神様は、一部の心有る人たちや優良星の宇宙人方を使って、地球人類を本当の真理に目覚めさせようと真に正しい教えを広める努力をなされてきたのでありますが、そこであわてたのが前にもお話しした「魔界」の霊たちなのです。

正神に負けてはいられないと、数にしてはるかに多い誤てる教えを世界じゅう至る所に生み出したのです。あらゆる手段を使って世界じゅうの人たちの頭脳に食い込み、良心を麻痺《まひ》させ、ものの正邪の判断能力を奪い取り、「魔」「邪神」の奴隷にしていく作業をはじめたのです。

そしてなんと日本に、精神世界ブーム、超常現象ブーム、霊能者ブームを築き上げるに至ったのです。

これらのブームは、多くの人々に見えない世界の存在を知らしめたのではありますが、一方、見えない世界にも見える世界以上に正邪の区別があること、またその見極め方を訴える人はいなかったのであります。

そして、それらに関心の深い私たちが、ブームの発展を助長しているわけです。

しかし、ひょっとしたらそれらに関心の深い私たちも、心有る人間の一人かもしれません。

であったら、やっぱり正しいものと誤てるものをはっきりと見極めて、正論を広め、誤てる教えの肩を持たないようにしていかなくてはなりません。

昔から、この精神的な世界ほど、正邪の区別をはっきりさせなくてはいけない世界はないのです。肉体なき後、「私、間違っていたみたい！」と、自分の見る目のなさを悔やんでも遅いのです。

いいですか？　皆さんが今、手を合わせて崇拝している対象は、ちゃっかり正神になり澄ました「魔」かも知れませんよ。

今こそ、本当の信仰、つまりは天空を拝み、お天道様《てんとうさま》を拝み、大地を拝み、身のまわりのあらゆる物に感謝し、起きてくる事柄に感謝していく、というような生活をしなくてはならないのです。

そして、この地球世界の夜明けを阻止しかねない間違ったブームに、終止符を打たなくてはなりません。

不幸と見える現象は、新しい時代に入ったための波動調整作用である

ところで、ここへ来て、難病・奇病や不況、倒産、家庭不和などの争いごとが激増しています。

社会的にも、個人的にも、あらゆる不幸と見える現象が起きてくるのは、新しい時代、清らかな波動の時代に私たち人間の肉体、精神が対応していけるようにするため

の膿出し、調整作用なのです。

きれいなところに生活する魚たちは、汚濁しきった水の中では生きていけないのと同様に、心も肉体もけがれきってしまった肉体人間のままでは、まったく新しい空気、まったく新しい澄みきった波動の中では存在できなくなるからです。「古き皮袋に新しき酒は汲《く》めない」のです。

現在の不景気は、「普景気」である

また我が国では、現在あらゆる産業が不況にあえいでいます。実はこれは、従来の不景気とか不況とかとはまったく性質の違うものなのです。「人類は即、開拓、開発と称する破壊（地球生命体、つまり神様の御身体の破壊）である産業をやめ、古代の自給自足の時代へ還れ」という、大神様の大いなるご意志、御心《みこころ》なのです。

でありますから、いくら新しい物を研究して作っても、売れないのです。

「そんなことを、急にいわれても困る」と、いわれるでしょうが、事実を事実として受け止めて従っていく以外、私たち肉体人間に何ができましょうか。

たとえば木を切って、家を建てる。山を崩して、工場を造る。海を埋め立てて、ビルを建てる。ここからここは、俺の土地だと、神様の御身体（地球、大地）に線を引いて売買する……。何も彼《か》も、やり過ぎたのです。

また近年では、目先の欲得や贅沢《ぜいたく》のために、まだまだ十分に使える家やビルを壊して建て直すなどの、目にあまる人間のおごりが、それに関わった人たちの運命を狂わせています。

そしてそれらは、その時期や方位などの良し悪し以前の問題なのです。

いつの時代も、大神様のご意志に逆らって盛えた者や国はありません。

この今日の日本の「不景気」は、実は「普景気」であって、むしろ今までがどうかしていたのです。ようやく、当たり前の世の中になったのです。以前は土地転がしなどが盛んであり、一部の人たちだけが儲けていたのですが、そのような時代はもう終わったのです。

ですから、もし「そのうち、景気は回復しますよ」などと、私たちに期待を抱かせるような経済評論家の先生がいたら、気をつけなくてはなりません。

第一、大東京の都心の貸ビルが軒並みガラ空きではありませんか！

私は、セミナー、合宿、個人指導会などのメンバーの中で何らかの商売、事業をされている方には、くれぐれも少数精鋭でやって下さるようにお話ししています。

これからの時代は、他人様《ひとさま》に給料を支払える時代ではないからです。かといって、解雇の恐怖におびえながら、仲間の足を引っ張って、会社に使われている時代でもありませんが……。

私は仕事柄、大手の企業経営者の方々にお目にかかる機会があるのですが、その時、必ず耳にすることは、次のようなことです。「私の会社も、今のところ対外的には見栄を張り通しているけれども、実は、行きづまっている。会社発展のためと思って、私（社長）個人の持ち金も投資しているし、ついつぎ込んだ株などでも失敗し、多額の借金を抱えている。他にはいえないけれども、倒産しないという保証は、どこにもない」

先ほどもお話ししたように、本来、下降した景気は時期が来れば、再び上昇に転じていくのですが、今回は、景気が当たり前になっただけなのですから、私たち人間の方で、〝考え方・生き方〟を変革していく以外にはないのです。

新しい日本の年号「平成」の持つ意味

日本の今の年号は「平成」ですが、「平」という文字は分解しますと、「一」「八」「十」になるのです。

つまり、「一、八、十」であり、神道《しんとう》でいう「岩戸開き」の、「岩戸《いわと》」なのです。

また、「成」という文字は、「成る」ですから、「平成」とは、「岩戸成る」ことであるのです。つまり、世の中が平らになる、穏やかになる、平和になるということなのです。

いよいよ、地球世界が神の国となるということなのです。

そのようなわけですから、逆に世の中から不要になる職種、産業が山のように出てきます。辛うじて残るとすれば、大いに役立つ物をほどほどの値段で売る商売、または特別に良い物ではないけれども、商品を安価で提供する商売でしょう。

また、価値がそこそこの物を、そこそこの値段で売る商売（実は、ほとんどの業種がこの類です）は、軒並み消えていくことになりましょう。

そして、何とか残っていけそうな業種はといえば医療、飲食、農業、通信、運輸、郵便など、ごく限られたものになっていくでしょう。

「平成」で、結局は、世の中が良くなっていくといいましても、それまでの間は、逆にかつてなかったほどの大混乱期になるわけですから、そんな、生きるだけで精一杯の時代に格好の良い物、綺麗な物は要らなくなってしまいます。

私たちはいま、考え方・生き方の大転換を迫られている

私たちは一日も早く、心を柔軟にして、いつでもどのような仕事にも就《つ》けるような覚悟をしておく必要があるのです。

さらにこれからの時代は、いくら学歴があっても雇ってくれる会社がない時代にな

るわけですから、子供さんは、小学校や中学校を卒業したら腕に職をつけさせておく必要があります。学歴や肩書きではなく、本当の実力、人間力の時代に入ったのですから……。

とにかく、今私たちは考え方、生き方の大転換をする必要があるのです。

たとえば私たち皆が、自分で食べる物を自分で作って行けば、外へ働きに出て、産業と称して余計な物を作り出し他人様《ひとさま》に売りつけなくてもよい。つまり、地球生命体を傷つけなくてすむわけですし、人をだましてまで物を売る罪も犯さなくてすむのです。

誰しも、自分と自分の家族だけは、二一世紀まで生き残りたい。天変地変に遭いたくないと思うわけですが、であれば方法はたったの一つしかありません。

それは、徹底して、徹底して腹をくくって、自分の人格を高め続けることなのです。

そしてそのためには、他人の悪口をいわない、妬まない、恨まない、争わないことが絶対に必要なのです。なぜって、自分が過去（世）において相手方に対してしなかったことは、決してされることはないのですから……。

えっ？　そんなこと、無理ですか？

だったら、無理なのですよ。とにかく、時間がないのですから……。

それでは、これからもつぶれないで生き残っていける会社とは、どのような会社なのでしょうか。

それは、その会社の社長が真理を学び、あらゆる物事に対し、感謝と赦《ゆる》しの生き方をしている、そういう会社です。

これからは知識や学（我苦）力、財力の時代ではなく、その人の徳の時代、心の時代だからであるからです。

念のためにいっておきますが、世の中が悪くなったから、病気や倒産が増えているのではないのです。

近年世の中の波動がどんどん良くなっているために、それに付いていこうと、大あわてで自らの「波動調整」をしているのが、私たち肉体人間の現状なのです。

でも、その波動調整も、なるべく楽に行なった方が私たちにとっては都合がいいわけですから、一刻を争って人格を高め、祈りの生活をしていくことが必要になってくるのです。

すべての天災は、荒れ狂った私たち一人ひとりの想いの波（心）が引き起こす、人災なのですから。

第六章◆世の終末的危機を招いたのは、人間のどのような想いか

人類の歴史は悪業の歴史である

かけがえのないこの世の中が、滅亡寸前の危機まできていることは改めてお話しするまでもありませんが、それでは、人間のどのような想いが、それに拍車をかけているのでしょうか。

私たち人間は、生まれ変わりを繰り返しては修行を続けてきたわけですが、なかには、良いこともしたし、楽しいこともあったのですが、所詮、肉体人間の業《ごう》は深く、大体、次から次へと悪いことばかりを積み重ねてきたわけです。

その証拠に、世界じゅうのどこの歴史の本を見ましても、社会科の教科書を見ましても、あまり良いことは書いてないではありませんか！　何年に戦争があったとか、何とかの役《えき》があったとか……。

誰も彼も、さんざんなことをしてきているわけです。人類の歴史というのは、悪業の歴史なのです。隙《すき》があれば、悪いことをしてきているわけです。

〈悪業の例〉

・宗教戦争（戦争のすべてに、宗教が関係している）
・呪い、恨み、妬み
・拷問
・虐殺（毒ガスを含む）
・間引き（人工中絶）
・生贄《いけにえ》（犠牲）（人柱《ひとばしら》も含む）
・濡れ衣《ぬれぎぬ》
・離婚により、離れた子供の誘拐（現在、アメリカで、年間、数百万人）
・子供がほしい夫婦のための幼児誘拐、闇売買
・ポルノ写真やビデオ、残虐ビデオ制作のための（幼児）誘拐（硫酸で始末）
・臓器売買（のための拉致《らち》）
・人間狩猟

・宗教裁判、魔女狩り（キリスト教信者同士の争いにより、都合の悪い者を「魔女」として、惨殺する）
・侵略、略奪、強姦
・臓器売買のための養子縁組
・禁書政策による、学者などの生き埋めなどや、各書の焼滅
・さまざまな脅迫、弾圧
・奴隷制
・残虐刑
・人身売買
・誘拐

そして、無念の殺され方、気の毒な殺され方、馬鹿げた殺され方、あわれな殺され方など、ムダな死をとげた人々（魂）の数があまりにも多いのです。

おそらくその数は、一度肉体を持って生まれ、いろいろなことがあるけれども、何十年、またはそれ以上生きて霊的へ還っていくという、当たり前（実は、誠にありが

たいことなのですが）の一生を送れる人間（御霊《みたま》）の数よりも多いのです。

ところが私たちは、その御霊《みたま》たちの例えようもない無念、悲しみの念、怒りの念、怨念《おんねん》を無視し続け、「今、この世に生きている者だけの幸せ」を追求してきたわけです。

そしてそれらの御霊《みたま》たちの想いは、想像を絶する巨大な怨念のかたまりとなって、この地球世界をグルグル巻きにしてしまったのです。

宝クジよりも、はるかに確率の低い難関をやっとくぐり抜けて、修行が楽なこの肉体界へ来ようと母親の体内に宿ったのに、ズタズタに切り裂《さ》かれてしまった水子たち……。教会に通っていなかっただけで、「魔女狩り」に遭って、身体をバラバラに刻まれ、殺されていった無数の人たち……。

また、現在でも、ある国ではあまりにも身分が低い（存在価値を認められていない）上に、結婚の際、莫大な所持金を必要とする女の子供が、その親の手によって次々とそれも、当たり前のこととして殺されているという事実……。

また幸運にも、成長して嫁《と》ついだ女性であっても、嫁ぎ先の家族にとって都合が悪ければ（気に入らなければ）、すぐに消されてしまうという事実……。

昔も今もこんなことばかりやっているのが、おろかな肉体人間の現実なのです。

そしてそれらは、結局は、「自分（の宗教、先生）だけが正しいのだ。その弟子である自分も偉いのだ」という、何よりも恐ろしい個人個人の思い上がりの想い（人類の、一番深い業《ごう》）から、起こることなのです。

そして今、肉体を持って生かされている私たち一人ひとりが、その無数の御霊たちの想いを分担して、背負っているのです。一人が、一人を背負っているのではない！そんなものでは、肉体の数が足りないのです。

ですから、社会的にも、組織的にも、個人的にも、いろいろなことが起きてくるようになったことは当然の帰結なのです。

もちろん私たちの人格がもっと高くて、彼らの想いを浄める（鎮める）ことができれば少しずつ解決していくのですが、祈りさえも知らない人が多い現状では、とても無理、といわざるを得ません。

今こそ天の大神様、地の大神様、あまりにもむごい死に方をしていった（自分たちがさせた）数多くの御霊《みたま》たちに「ごめんなさい」と、ひれ伏さなくてはいけないのです。そんなこともせずに、一体他に、何があるというのでしょうか？

なんだ、かんだといっても、結局は自然に、世の中が良くなっていくとでも思っているのでしょうか？

日本人の平均寿命は二〇歳？

ところで近年は、（霊的な悪影響もあって）ほとんどの家で、子供の数は一人とか二人と少ないです。でも人工中絶をした子供の数を入れれば、本当は、五人も六人もいるはずなのです。

第一、結婚前にも、（中絶をしたり、させたり）したりしているわけですから……。

日本人の平均寿命が、「白書」によれば八十幾歳ですって？ 冗談ではありません。両親やこの世を憎みながら殺されていった、みずみずしい胎児を計算に入れれば、せいぜい二〇歳位なのです……。

ところが世の親は、今、この世に生きている子供だけが可愛《かわい》いから、やれ七五三だ、入学式だ、遠足だ、結婚式だ、と大騒ぎをしているのです。

しかし本当でしたら、その祝ってもらっている子供と兄弟姉妹になるはずだった子供（水子）はおもしろくないから、その家にとっての祝日が近づくと幸福の邪魔をしたりするのです。それが喘息《ぜんそく》の発作だったり、アトピーだったり、ノイローゼだったり、家庭内暴力であったり、暴走族だったりするのです。

それはそのはずです。水子の方はミルク一杯、水一杯、お母さんからもらったことはないのですから。

まさに反省すべきは、母であり、父であるのです（しかし子供も理由があって、そういう運命なのです）。自分たちだけ、幸せならいい！　こんな想いは、決してまかり通らないのがこの大宇宙の掟なのです。

そして、それらの報復心に燃えた魂の叫びを、鎮《しず》めていこうとしたら、腹をくくって生き方の転換をし、正しい祈りによって償《つぐな》っていくしかないのです。なぜって、あきらめるわけにいきませんから。今、生かされている私たちが、幾多の霊に国をあげてあやまり、供養し、自《みずか》らの世の中を救っていく以外にはないのです。

思い上がりの極にいる人類

それから、先ほどもお話ししましたように、私たち人類の歴史というのは、まさに思い上がりの歴史なのです。常に一人ひとりが、「自分だけは、絶対に正しい」わけです。私は他の人より、ちょっとはましなんだ。ちょっとは上なんだ。誰も彼もがこう思ってきたわけです。

特に天変地変や世の滅亡が近くなった時代には、個人個人の、そういう想いがさらに強くなるのが常なのです（魔界からの、世にも強力な催眠誘導によって、そう思わせられてしまうからなのですが）。

そして、過去六回（ムー大陸・アトランティス大陸の沈没他）あった驚天動地の天災も、そんな時に起こった、といわれております。

そういえば、この次はいよいよ第七回目になるわけですから、一番大きなものになる可能性があります。

七という数字は、「最高、最後、完成」の意味ですから。

現在の世界各国（首脳陣）の心境、また、日本人一人ひとりの心の状態は、思い上がりの最たるものです。

特に、この精神世界に関わる人間一人ひとりの自我、自己優越感、排他性は筆舌に尽くせないものがあります。ところが、その争いの心、不和の心＝業《ごう》の深さを本人は自覚していないのです。

その証拠に、右も左も「神様」ばっかり。「我こそが神なんだ！」という方が、たくさんいるのです。

魑魅魍魎が跋扈する現代宗教の誤り

どの宗教も、どの教えも、皆自分のところだけが正しいというわけですから、「世界一」対「世界一」ですから、すぐケンカになる。宗教戦争がなくなるはずがないのです。なにしろすべての戦争は、「われらが信じる神のため」の「聖戦」だそうですから。

大体宗教が多過ぎませんか。世界じゅうに山ほどありますから。おまけに、神様を敬うことを教えるはずの宗教が、最近はその代表者を拝ませているところも多いようです。世の末以外の何物でもありません。

第一、本当の神様は、われこそが神だとか、いわないのですよ。いわない、見せない、（何も）出さないのです。

また、人にも憑《つ》かないのです。まあ何千年に一回か、何万年に一回ぐらいは、「神の化身」みたいな人が出ることは出るようですが、普通は、そういうことは皆無で、肉体を持っている人は全員、タダの人間なのです。

メシヤ、メシヤ（飯屋）といいますけれど、ご飯一杯、御馳走《ごちそう》してはくれないし、それどころか、様々な問題を起こしているではありませんか……。

しかし気をつけないと、皆さんも、そのうちいい出しかねませんよ。

「実は、今までだまっていたけど、私は、世界で、三人選ばれた神の遺いの一人なんだ」などとね……。くれぐれも、注意して下さい。皆、「にせ神」の実《まこと》しやかな、「ご託宣」に引っ掛かってしまうのです。大体、夢や瞑想などで、おだてられてその気になってはいけないのです。

邪神、つまりサタンたちは、実に役者なのです。芸が細かいのです。正神界の大神様のふりをして、幼い私たち地球人類をだますことくらいは、朝飯前なのです。

チャネラー（霊媒）も、宇宙意識をチャネリングするとかいいますけれども、実は、地球世界の低い世界の霊たちが、宇宙人や「宇宙意識」のふりをしているだけなのです。それを真《ま》に受けているチャネラー本人も気の毒なのですが、人を集めてチヤホヤされたいという想いがあるから、そういう罪なことをやる破目になるのです。

チャネラーに、「自分の心が喜ぶことをやりなさい」といわれたので、遊んでばかりいたら家をつぶしてしまった、などという話は笑えないものであります。

本物の霊能者、つまり霊覚者は、霊的なことを職業にはしないのです。「自我」がないから、人を集めて、ことさら威張る必要はありませんから。
大体、本当の神様が「実は、私には凄い役目があるのですよ……」などと、発表しなくてはならないものでしょうか。

贋《にせ》ものだから、声を大にしていわなければならないのです。

神様というのは、何も見ずして、信じる者だけを救って下さるのです。あまりにも偉大なお方なのですから。

とにかく本ものは、その場で現象を現しません。すぐには効果がありませんし、奇蹟も現しません。

正邪の見極めは、その人物の日常の言動をよく見ればわかります。本当に和や愛の人かどうかを見れば、わかります。

今日ほど、魔界の力が強く働いている時はないのです。彼らの地球規模的催眠の力(念力)によって、地球人類が皆、判断力を失わされてしまっているのです。

だから、おかしな教えが、増えているのです。

第七章◆運命好転の秘訣

――人格を高めることで、すべてが変わり始める

幸福の原動力

結局、幸せになる人とならない人とは、何が違うのでしょうか?

実は、その違いは、案外簡単なこと、一つだったのです。

それは、その人に徳（陰徳）があるかないかに、かかっているのです。

なんだ、そんなことか! と思われるでしょう。でも、そんなことを、陰徳を積むことを、私たちはどれだけしているでしょうか?

陰徳を積むどころか、先祖の田畑を食い尽くし、おじいちゃん、おばあちゃんが残してくれた陰徳を食いつぶし……。そんな人間が、ほとんどではないでしょうか。

この大宇宙では自分が蒔《ま》いたものしか、返ってこないのですから、自分が過去に、社会や他人様《ひとさま》に何かを施していなければ、いくら待っても幸せは降ってこないのです。

いくら学校に長く通って、知識の量を増やしても、それは森林（本やノート）のムダ使いなのです。

また、徳積みもしないで、イメージだ、念力だ、超能力だ、などと力んでも、それらは、唯の欲のかたまり、「我」でしかないのです。

今日の自分の存在が、いかに霊的に、精神的に、肉体的に、物質的に、周囲のため、世の中のためになっているか……。

自分が無責任に撒《ま》き散らす、妬みの念、恨みの念が、世の滅亡に一役買っていないか、真剣に考えることが大切なのです。

私たちは、どうしたら人々に喜びを与えられるか、毎日、考え、行動しているでしょうか？　あなたはいかがでしょうか？

とにかく、自分の人生を喜びあるものにしたかったら、まず自分が先に、喜びの種を蒔《ま》かなくてはダメなのです。

健康な身体を取り戻そうとしたら、まず、心をほがらかにしていかなくてはいけません。すべては、身（自分の想い）から出た錆《さび》なのですから。

それでは、どうすれば徳を積めるのでしょうか。

徳を積む方法

以下、そのコツを箇条書きにしてみます。

・日頃から、「感謝の祈り」の習慣を身につける。ちなみに「感謝の祈り」とは「神様、ありがとうございます」と、いつも祈り続けることをいう。
・ものごとに対して、怒らないこと。
・争わないこと。
・妬まないこと。
・恨まないこと。
・本当の真理を広めること。
・人命を救うこと。
・動植物の生命を救うこと。
・世間話と称して、他人の悪口をいわないこと（これだけでも、徹底したら、その本人の人格向上、運命向上は著しい）。

・必要以上の贅沢《ぜいたく》な食事、服装をしないこと。ただし、人間は神様の子供、つまりは神様であり、その器である肉体（ご神体）をある程度立派な家に住まわせ、また、それなりの食事を摂らせ、服装も整えることが実は必要です。尊い肉体を粗末にしてはなりません。　・正しい信仰を持つこと。　・子供をもらって、育てること。

・資源、物、人を大切にすること。

・見返りを求めずに友人、知人に手紙を出すこと。

・身寄りのない人などの世話を、見返りなしですること。

・困っている人に、食事、宿などを提供すること（困った側が要求するのは、間違い）。

・自分に縁ある地方の公共事業のため、私財を提供すること。用水、道路、橋、堤防、鉄道、学校など、皆のためになるものを作るために一役買うこと。

・自然を大切にすること。

・神社などの建立のための寄附をすること。労を提供すること。

・平凡なことを、あきずに続けること。コツコツとまじめに働くこと。

・先祖や親戚、縁者について把握して、それらわかることを子孫に伝えること。
・アパート、マンション、寮などの集合住宅、公園、道路、海岸、霊園など、自分が所有する家や部分以外の土地を清掃すること。
・他人様《ひとさま》の長所を見つけ話題にすること。
・賭け事をしないこと。
・労せず、大金を得るような事をしないこと。
・胸像などの銅像、記念碑などを建てないこと。
・他人様の成長、繁栄のために力を貸すこと。
・人には笑顔で接し、明るい言葉をかけること。
・病の人を看病すること。
・他のために、各種の労働を提供すること。
・他のために、金銭、物品を差し出すこと。
・真理に反した生き方をしている人の肩棒を担がないこと。
・他人の、幸福を祈らせていただくこと。

・放生をすること。
・敬うべきものを敬うこと。
・自分の先祖に関して、できる限りの正しい供養をすること。

徳には、陽徳と陰徳がある

このように、徳を積む方法はいろいろあるわけですが、徳にも、二種類あることを知っておく必要があります。

それは、陽徳と陰徳です。

徳積みは、あくまで自我や虚栄や見返りを期待する心を捨てて、純粋な心で行なったものでなくては、徳とはならないのです。

そして自分が、結果、見返りを期待して行なった徳積みは、陽徳となるのです。

また、たとえば自分が、ある善事を成したことを他にしゃべったり、発表したりしたら、それも陽徳となります。

自分を讃える碑を建ててもらったり、公的に表彰を受けたりしたら、陽徳の最たるものになってしまいます。

決して人知れず、何の我もなく、神様の心になって徳を積ませていただくことが、陰徳積みです。

本当の損得に敏感になろう

さて、運命の好転を願う人は、本当の損得勘定ができなくてはなりません。いまどきの世の中で、自分の損得を考えない人はまずいないと思います。というより、自分さえ得をすれば、他はどうなってもいいんだという世の中なのです。

しかし、本当の自分の得とは、一体、どのようなことなのかを深く考え、また行動に移す人は少ないのです。

得にも、損にも、いろいろな段階があります。

本当の得とは、本当の真理に沿った生き方をすることなのです。本当の真理は「大宇宙の法則」や、「九ヵ条」や「十三ヵ条」をよく学び、心得とすればわかります。それは、極めて簡単に申し上げれば、（できる限り）怒らない、争わない生き方です。大神様の御心《みこころ》は大愛、大調和でありますから、それに習って心がいつも明るくほがらかで、争いの想いのない人が、幸せになるに決まっているのです。

ところがこんな簡単なことに、私たち肉体人間は気づかないで、歴史を歩んできたのです。

たった一時間でもよいから、世界じゅうの人々が時間を作って、「本当に、自分が得をするということは、どういうことなのか？　どうしたら、大いなる得を手に納めることができるのか？」をコンコンと考えてみる必要があるのです。

そうすれば必ず、「相手方に損をさせれば、自分が損になる」（「九ヵ条」の第七条を参照して下さい）ということがわかってくるはずです。

そのことがわかってくれば、だんだんに争いの想いも当然、減ってくるはずです。

私たち凡人は、「これが、人間の正しい生き方ですよ」といわれて、「ハイ、そうですか！」と、実行できるはずがないのです。

なにせ自分の損得を計算してみないと、行動する気にはなれないからです。それは、それでいいのです。

ですから私は、いつも「もっともっと自分の損得に敏感になって下さい」と、申し上げているのです。

私のところへは、毎日たくさんのお手紙が来ます。皆さんからの相談の手紙です。なかには、名前を知っている方もあるけれども、知らない方も多いのです。

そして、本当はいいたくはないけれども、たとえば、先に相談方法を打診して下さるとか、返信用の切手を入れてくれるとか、ハガキを入れてくれるとかする人は、ほとんどありません。それどころか、「私は忙しいので、何日の何時に、電話で返事をするように」と、速達で送られてくる人も多いのです。これが現代の実態です。

ところが私の方は、私のような者をあてにして下さっていると思うと、ありがたくて、すべての手紙に対して、無条件でお返事をさせていただいてきたわけです。

おそらく、私から相談ごとの返事をもらった方々は、得をしたと思っていられることでしょう。

ところでこんな時代でも、なかには、まだ、少しは常識を持ち合わせている方があります。美しい記念記手を用意して下さる人、自分が大切にしていた、年代ものの年賀切手を同封して下さる人などです。

私がここで申し上げたいことは、その数少ない常識ある方々は、放っておいても、勝手に健康に、そして幸せになっていかれるということなのです。

それは、ご自分の本当の損得に敏感だからです。それは、そうでしょう。誰に、何を相談するにしても、切手も入れないのにホイホイ返事がもらえたら、こんな楽なことはありません。ところが、タダで手に入れたもの（返事）は決して役に立たないのです。

タダで返事をもらった人は例外なく、それっきり音沙汰なしです。また、困った時だけ手紙が来るのです。

一方、常識のある人たちは「言われた通りやってみて〇〇でした……」と、その後も経過を教えて下さるのです。

運命が良くなるのも当然だと思います。

このように、すべては、その人の姿勢にかかっているわけです。ほんの目の先の損得しかわからないか？　ものごとを深く見られるか？　に、かかっているのです。

幸せになれる人は、気風《きっぷ》の良い人です。そして、幸せにほど遠い人は、ずる賢い人です。

心とお金、どちらが大切？

さて、それでは、心とお金はどちらが大切でしょうか？

精神世界や宗教の世界、心の世界を探究されている人たちは、もちろん心が大切だと、お答えになるでしょう。「世の中、あまり大事でないもののほとんどはお金で買うことができるが、本当に大事なもののほとんどはお金では買えない」。それは、確かにそうなのです。「心」は「しん——神、真、信、親、身、芯……」ですから。

ところが私は、現実のこの世界では、心とお金は両方大事だと考えます。別のものではないと考えます。

心で物を売ってはもらえませんし、また心で、乗り物には乗れないからです。

また、良し悪しは別としてお金で、心の有る無しを表すような社会になっているからです。

はっきりいって、幸せになるにはお金がかかります。幸せのための勉強をするために本を買ったり、セミナーに行ったりするにもお金が必要だからです。第一、心だけでは先祖のお墓参りにも行けませんから。家族で、年に何回か両親の祖先のお墓参りをしようとすれば、距離によっては、交通費だけでも何万円、何十万円とかかるでありましょう。

そんなわけで、私たちは心もお金も大切にし、そして、有益、有意義に使っていく必要があると思います。お金自体は善でも悪でもなく、中立のものだからです。

身のまわりを浄化する

運命を好転させるためには、身のまわりをきれいに浄化しておくことが大切です。

まず、浄化とは何かということですが、浄化はお浄《きよ》めともいい、人間、ご先祖様、動物、植物、鉱物、土地、家屋、ありとあらゆる物質、つまりすべての霊（万物は生命、心を持つ霊である）の境地を、何らかの方法によって引き上げることで、その境地にふさわしい世界（段階）へ送り届けることをいいます。

その際、本人（本体）はもちろんのこと、本人（本体）を守護しておられる高級神霊、本人（本体）に悪影響を与え、憑依《ひょうい》している低級霊をも教導し、高めるのが真のお浄めであり、浄化です。

低級霊を、「力」で追っ払うことにより、本人（本体）にのみ平安を期すのは、単なる除霊であり、問題を残します（追われた時の怨念を、再び除霊者および、本人に向けてきます）。

つまり、真に高貴な光を魂に吹き込むことによって、「悪いもの」を教育し改悛《かいしゅん》、良化させ、良いものをさらに良くすることなのです。

したがって、邪悪なる「光」による「お浄め」は、「お汚《けが》し」であって危険です。さてお浄めのやり方ですが、その御霊《みたま》（物質も含む）を教育するため、真理が説かれた文章を読んで聞かせます。

また、次元が高く、そしてその魂が耐え得る範囲で、一番強い光を真の聖者から、本人（または物）に照射することによって、真理に目覚めてもらいます（器の小さな魂に、一気に強力な浄めは施せません）。

次に、私たちができるお浄めの具体的なやり方ですが、まず、自分自身を浄める方法です。それには常に、感謝の祈りを続けることで、大神様の光を直接いただくことです。

次に自分の住んでいる土地、家屋を浄める方法ですが、土地や家屋を浄める方法は色々ありますが、真に高貴な御守り、御札、真理の書、高次元からの波動をキャッチする寶珠《ほうじゅ》型のもの、元来、浄めの役目を持つ天然の塩、各自の吉方位の海岸から採集した砂などを土地や家屋の四隅、および中央付近に埋設するとよいでしょう。

次に持ち物、装飾品、家具など、身のまわりのすべての物を浄める方法ですが、これは、土地や家屋を浄化する際に用いるものの上に浄化したい物をのせるか、その下に敷きます。はさんだり、包んだりできれば、さらに確実です。

その他、水をかけることで品々に蓄積した諸々のよくない波動を、文字通り「水に流す」方法もあります。

いずれにしましても、自分自身の人格を高めていくことによって、その光で、自分に縁のあるすべての人々や物を、自ずと浄めることができるのです。本当のお浄め、治療、人助け、救世とはこのことこそをいうのです。

霊的に浄まった土地や家屋に住み、霊的に浄まった物を使うことによって自らも浄まるのです。

実は、自分の人格を高めさえすれば、自ずと浄まった土地や家屋に住めるようになり、また、浄まった物を持てるようになるのです。自分を高めずして、波動や地相、家相の良いところを見つけようとしても、縁ができないのです。これは、自分が変われば、自ずとその環境、引き寄せるものも違ってくるからです。
人は、その人らしいところに住んでいるものなのです。

身のまわりをシンプルにする

また、浄化ということに関連しますが、幸福のためには、身のまわりをシンプルにしておくことが大切です。世の中に充満している、良からぬ波動の影響を、少しでも受けないようにするためです。

〈その方法〉

一、家の中の物を整理整頓して、不要な物は、思いきって、感謝した上で捨てる。

二、掛軸、油絵、日本画、茶道具、リトグラフ、版画、蒔絵、仏像、陶器、磁器、刀剣、宝石、古道具、古書、武具、仏教美術巻物、和楽器、和家具等の各種書画、骨董品を所有しないこと。

どうしても所有する場合には、白い和紙に包んで、黒いビニール袋に入れて貸倉庫など、別棟に置くようにする。
三、なるべく物を増やさないようにして、物品所有点数を減らすように心掛ける。ほとんどの物は、多かれ少なかれ、悪い想念波動を持っていることを知っておくこと。
四、主に、世間や他人様の不幸をネタにしているテレビ、新聞、雑誌などを避ける。「大宇宙の法則」の一つ、「インプットされたものは良いことであれ、良くないことであれ、やがて形となって現れる」によって、暗いニュースを見聞きしていると、その一家の運命も同様になる。
またこれらマスコミの報道には、残念ながら嘘も多いので、過信していると世の中の真相がますます読めなくなる。
五、家の中を、無味乾燥にするという、意味ではないけれども、やたらに、壁などにいろいろな物を貼らない。
絵画や写真などは、その作者や風景によっては、思わぬ暗い波動を発しているものもあるから注意を要する。

六、常に自分を高め、その光で周囲のものを浄化すること。自分の心境が低いと、その害で物に悪影響を与え、それがまた返ってくるという、悪循環を繰り返す。

以上でおわかりのように、幸福を得るためには、良いものを取り入れるというより、良くないものを持ち込まないということのほうが、より大切です。

これは、幸せになるためには、安易に余計なことをしない方がよい、ということ（「九ヵ条」の一項）と共通しています。

正しい祈りが運命を開く

次に、運命好転のために是非とも必要な、〝祈り〟について、お話しします。

・開運のための、あらゆる方法や手段に興味を持つことより、はるかに大切なこと、それが祈りです。

・祈りの習慣を持たずして、他のいかなる開運法を実行しても、無意味です。

・祈りによってこそ、自分を変えていくことができるのです。絶ゆまぬ祈りを続けていけば、自分が変わっていくことに気づけることでしょう。それこそが「奇蹟」なのです。

・「祈り」「祈る」などの言葉や行ないの意味を正しく把握している人の数は、極めて少ないのが現状です。

・祈りというと、お願いする、祈念する、願をかける、念ずる、頼む、などの言葉と同じような意味で使われることが多いようです。

しかし、そのような力んだもの、肉体人間の自我の力、つまり業《ごう》の力でやるものとはまったく違うものです。

祈りとは、力を抜くものだからです。ちなみに、念力による願望達成法は呪いに通じ、大変危険です。

・祈りは、「命宣理《いのり》」であります。つまり、祈りとは、自分が生命（神様、真理）そのものであることを、謙虚に明るく、力を抜いて宣言することなのです。

・祈りとは、自分の心を神様の方に向けて、神様と一体になることです。人間は本来、神様の子供であり、神様でさえ、あるわけですが、そのことを、改めて自覚、再認識することです。

ですから具体的には、「私は、神様の子供であり、神様でさえあります。ありがとうございます」と、誇り高く、そして堂々とうたい上げることです。

誇り高くといっても、決していばることではなく、謙虚に明るく、ゆったりと、楽しくほがらかに、そして真剣に、しかも力まずに行なう必要があります。

自分自身が、本来、神様（の子供）であることを再自覚するわけです。

ただし、人間がもともと神様の子供であるからといって、私たちの心境が今のままで良いということではなく、むしろ大いなる反省をすべきです。

・病気を治すため、成功のためなど、何かの願いごとのためにする「祈り」は、祈りではなく、単なるお願いであり、この違いはとても重要です。

・何分にも業《ごう》深き私たち肉体人間が、夢や希望や欲を持つことは決して悪いことではないのですが、お願いイコール祈りではないのです。

・祈りは本来、その祈りそのものを、目的としたものでなくてはなりません。
ただし、私たち肉体人間の願いを心に秘めていることは、許されるようです。もちろん、それが過剰になってしまいますと、ただのお願いになってしまいますが……。

・誰でも、様々な願いごとや悩みごとがありましょう。しかし、せめて祈る時くらいは、他の一切のことを離れて祈りに専念することが大切です。そのことが、心の中を神様で満たすということなのです。

・祈りは、するものではなく、させていただくものです。

・神様の中へ入っていくのが祈りだと考えてもよいし、神様を呼んで、きていただくのが祈りだと考えてもよいのです。実際には、神様と私たちは、もともと一体なのですが……。

・願いごとを捨てた祈りによってこそ、その願いごとが叶うのです。何ごとも、とらわれを捨てたら強いのです。

・祈りは神様に対して祈るものではなく、神様と倶《とも》（共）に、祈らせていただくものです。

・神様は、初めから、ずうっと祈り続けておられるのです。そして遅まきながら、そのお祈りのお仕事に加わらせていただくことが、私たち肉体人間が何にもまして、しなくてはならない、務めなのです。

・実は、私たちもすでに、いつも祈らせていただいているのです。人間は、もともと神様と一体なのですから、初めから祈っているのです。また、数ある過去世でも霊界でも、祈り続けてきたのです。さらにまた、現在でも、私たちの本心や私たちを守り、導いて下さっている守護の神霊方は、常に祈り続けているのであります。そして、私たちが祈ろうとする瞬間、その祈りのボリュームが大きくなるのであり、スイッチは、もともと入っているのであります。

・もしも、どうしてもお願い色の濃い、お祈りをする場合には、あくまで前向きな「作文」をする必要があります。長い間、世界の人たちはそのコツ、秘訣を知らずにいたのです。

〈病気を治したい場合〉

正しい文面の例——

「すっかり元気でありがとうございます。神様、ありがとうございます」

誤った文面の例――

「病気が治りますように」

「病気がよくなりますように」

「早く、元気になりますように」

「健康になりますように」


〈幸せな結婚を望んでいる場合〉

正しい文面の例――

「幸せな結婚ができて、ありがとうございます。神様、ありがとうございます」

誤った文面の例――

「何とか、結婚できますように」

「早く、彼女が見つかりますように」

「一日も早く、孤独から抜け出せますように」

〈お金を得たい場合〉

正しい文面の例――

「お金がたくさんあって（入って）、ありがとうございます。神様、ありがとうございます」

誤った文面の例――

「何とか、お金が入りますように」

「早く、貧乏から抜け出せますように」

ポイントは、病気、孤独、貧乏などといった言葉を使わないことです。このような言葉を発することにより、その言葉の波動が繰り返し、繰り返しインプットされ、やがてまた、自分の運命となって現れてくるからです。また、「すでに、すべてがここにあり！」というような作文をすることです。今日はもちろんのこと、以前から、すべてが整った、幸せな状態がここにあるのだ、という内容にすることです。もちろんいずれの場合も、「神様、ありがとうございます」という、「感謝の祈り」ではじめ、また、締めくくることがとても重要です。

・神様は、私たち幼いわが子の成長、幸せのために、日夜祈り続けて下さっているのです。
・とにかく、一にも二にも、どのような時にもただ、ひたすら「神様、ありがとうございます」と、お祈りさせていただくこと。人生（で大切なこと）は、これに尽きるのです。
・「感謝の祈り」を祈ろうとした瞬間、祈らせていただいている瞬間、すでに、私たちの心は神様の心なのであります。どんなに業《ごう》深き私たちであったとしても、その時だけは、本来の姿、神様の心境に返っているのです。
・祈りは言葉ですから、言霊《ことたま》を持っております。でありますから、意味も知らない、難しい経典などを安易に口に出したり、書いたりするべきではありません。
広く、多くの方々におすすめできる祈りの言葉は、次の条件を備えている必要があります。
一、一宗一派にかたよらない。
二、どんな宗教宗派とも争わない。

三、意味がわかりやすく、子供やお年寄りにも理解できる。
四、覚えやすい。
五、長くない。
六、解釈が、一つしかできない。
七、大宇宙の理に適う。
八、唱えて安全。
九、絶対的な成果がある。
そして、これらの条件をすべて満たしている祈り言が、私が提唱している「感謝の祈り」です。「感謝の祈り」が単純明快、ただ、ひたすら「神様、ありがとうございます」と唱えることです。
・「感謝の祈り」は良いことづくめの祈りであることを、よく理解することが大切です。
・各宗教宗派には古今東西、誠にさまざまな祈り言があります。しかしながら、そのどれかを、とりあえず記憶しているからといって、安易に何でも唱えてしまうとしたら逆効果になることがありますので、その選択には、注意が必要です。それぞれの祈り言は、提唱者、次元、背景、内容、言霊の性質などが、まったく異なるからです。

・かりにも何かしらの祈り言を唱えるとしたら、責任を持つ必要があります。言葉（光透波）は、波動だからです。

・祈りは、各種の願望達成法やイメージ法とは、まったく異なるものであるため、危険性がまったくない。それでいて、絶対的な力を発揮する。

・もし、「力を込めてイメージして、願い続けるやり方の方が、祈りなどという、めんどうくさいことより簡単だし、とりあえず、目の先の願いごとを叶えたりするには手っとり早い効果があるのだ」と思う方があったら、その人は、祈りというもっとも偉大で、もっとも大切な事柄について知らない人でありましょう。

・正しい祈りはすべてのすべてに対する、完全無条件の感謝そのものでもあります。そして、この感謝こそが、宗教（心）、信仰（心）の極意なのです。

・祈りの生活がなくて、夢にも、個人の心に平安が訪れると思ってはなりません。

また、祈りの生活がなくて、夢にも、社会が平穏になると思ってはなりません。

・肉体人間が持っている、さまざまな願いごとや希望は、あえて前面に押し出さなくても、神様はとっくの昔にすべてを把握していられるのですから、ただひたすら、「神様、ありがとうございます」と祈らせていただくことが大切であり、またこれ以上つけ加える必要はないのです。

・次から次へと欲深い私たち肉体人間と違って、各種の動物、植物、鉱物など、人間以外の生物は、ごく自然な生き方をしております。何もかも、神様にお任せした生き方をしています。

これは一種の祈りの状態であり、私たちも是非とも見習いたいものです。

野山の小鳥たちを見て下さい。力んで、何かをお願いしているでしょうか？

・正しい祈りにはとてつもなく強く、そして善なるエネルギーがあります。

もちろん祈りとちょっと似て、まったく非なるもの、つまり願いごと成就のための念力や、いわゆる「イメージ」などもエネルギーではありますが、それらは、低い世界の影響を強く受けて、念力による、目先の「願望達成」に躍起になっている自

郵　便　は　が　き

恐縮ですが
切手を貼っ
てお出しく
ださい

160-0004

東京都新宿区
四谷4－28－20－702
(株) たま出版
ご愛読者カード係行

書　名				
お買上 書店名	都道　市区 府県　郡　書店			
ふりがな お名前			大正 昭和 平成　年生　歳	
ふりがな ご住所	□□□-□□□□		性別 男・女	
お電話 番　号	（ブックサービスの際、必要）	Eメール		

お買い求めの動機
1. 書店店頭で見て　2. 小社の目録を見て　3. 人にすすめられて
4. 新聞広告、雑誌記事、書評を見て（新聞、雑誌名　）

上の質問に 1. と答えられた方の直接的な動機
1. タイトルにひかれた　2. 著者　3. 目次　4. カバーデザイン　5. 帯　6. その他

ご講読新聞　新聞	ご講読雑誌

たま出版の本をお買い求めいただきありがとうございます。

この愛読者カードは今後の小社出版の企画およびイベント等の資料として役立たせていただきます。

本書についてのご意見、ご感想をお聞かせ下さい。 ① 内容について ② カバー、タイトル、編集について
今後、出版する上でとりあげてほしいテーマを挙げて下さい。
最近読んでおもしろかった本をお聞かせ下さい。
小社の目録や新刊情報はhttp://www.tamabook.comに出ていますが、コンピュータを使っていないので目録を　希望する　いらない
お客様の研究成果やお考えを出版してみたいというお気持ちはありますか。 ある　ない　内容・テーマ（　）
「ある」場合、小社の担当者から出版のご案内が必要ですか。 希望する　希望しない

ご協力ありがとうございました。


〈ブックサービスのご案内〉

小社書籍の直接販売を料金着払いの宅急便サービスにて承っております。ご購入希望がございましたら下の欄に書名と冊数をお書きの上ご返送下さい。　（送料１回210円）

ご注文書名	冊数	ご注文書名	冊数
	冊		冊
	冊		冊

我の強い方々が発する、有限で、自他共に有害なエネルギーなのです。

・自我や力みなど、業《ごう》を利用した念力、イメージなどは、自我の力、つまり肉体人間の力によるものでありますから、タカが知れています。

また、よそからの働きであるとしても、それは、地球世界の混乱を狙っている低次元世界からの「応援」によるものですから、霊的に危険です。

・効果、見返りを期待、要求した祈りは祈りではなく、神様との取り引き、神様への脅しですからくれぐれも注意が必要です。間違っても、神様は商取り引きの相手ではありません。このことは特に重要です。

・祈りの「効果」は、純粋な祈りの生活を絶ゆみなく続ける人に対して、結果的にもたらされます。正しい気持ちで祈り続けていくことで、すべてが自ずと良い方へ、良い方へと向いていくようになります。

・「感謝の祈り」の「効果」

一、極めて良質で、かつ強力な感謝のエネルギー（想いの波動）を周囲にふりまくことになります。そして、その光によって自分や自分の家族、親類、友人、知人、他人、社会と、自分の器に応じていくらでも浄めていくことができます。それはちょうど、水滴が波紋を作って広がっていくように、波及します。つまり、たった一人の人が祈ることが、汚れきったこの世界をみるみる浄化することになります。

二、私たち肉体人間が長い歴史の中で、日々発し続けてきた悪い想念や悪い言葉のエネルギーで、飽和状態になっている宇宙空間を中和、浄化できます。

三、神様と共（倶）に自分が放った、極めて良質で強力な感謝のエネルギーは、「大宇宙の法則」によって、自分に、それも案外早く返ってきますので、何よりもまず、自分自身が幸せになります（もちろん先に、他に対して幸せを投げかけているのです）。

四、正しい祈りが、正しい心掛けによって行なわれている「場」には、正神界からの、強くて清らかな光がまさに「産地直送」で、それも無償で、限りなく降ってきますので、いつもいつも祈らせていただいていれば、常に光のバリヤー、光のカプセルに入っていられることになり、邪霊、低級霊で満ち溢れている現代を生き抜くための、唯一の防衛手段となります。

五、常日頃から正しい祈りをしていることは、祈りが、この世的には自分から発せられているものであるにもかかわらず、常に崇高な次元からの浄めを受け続けていることになりますので、低級霊たちが「自我」（業《ごう》）の強い人間にやらせている「浄霊」「除霊」、各種のパワー療法などのお世話になる必要がないようになります。

六、祈りの生活を続けることは、この肉体界においてはもちろん、霊界など、どこの世界においても最高の陰徳を積むことになります。どこの世界にあっても、人間の本当の仕事は神様と同様、祈ることのみなのですから。

七、この肉体界において、祈りの習慣を身に付けておくことは、霊界へ行った時にも大変に役立ちます。霊的な世界での修行のポイントも、当然のことながら、祈ることであるからです。何ごとも、今まで馴《な》じんだことのないことをはじめることはとても大変ですが、こちらの世界にいる時から、その意味を学び、理解しておいた人にとっては容易だからです。

誰もがやってきたこと、そしてこれからもやらなくてはならないものが、祈りなのです。どうせやる時が来るのであれば、今からはじめようではありませんか。

八、霊的な世界は、今心に想ったことが瞬時に、形となって現れる世界です。この肉体界では、今したことの結果が出るのにある程度の時間がかかりますが、霊的な世界へ行った時には、すべてが、即、返ってきますので、一瞬たりとも良くないことを想ったり、考えたりすることはできないのです。

ところが肉体界において、良いこと、正しいことを心に想う習慣を持っていなかったほとんどの人たちは、あちらの世界へ行っても、相変わらず恨みの想いや妬みの想いを持ち続けて、その自らの想いで自らを苦しめ続けることになるのです。

まず、良くないことを想ってはいけないのだということを気づくのが大変ですし、もし気づけたとしても、「日頃」の習慣は恐ろしいもので、すぐに自分の心を良い想いで満たすこともできないのです。

ところが、肉体界にいる時から祈りの習慣を持っていた人にとりましては、「良いことを想う」練習は常にできているわけですから、肉体なき後の世界での修行が一般の人々に比べて、誠に容易なのです。心に常に良いことを想っているのですから、自分が修行をする階層、つまり住所もどんどん上がっていけるのです。そしてそれは、その人本人はもちろんのこと、子孫や縁者にとっても絶大なる恩恵となるのです。

・大切なことは、祈りの意義を知り、正しい祈りをすること。それに並行して、自分自身の心境を高めていくことなのです。
そして自分の心境を、自ずと高いところへもっていくためにこそ、日々の祈りが大切なのです。

・どんなに良いことでも、それのみにとらわれたらいけません。「祈らなければならない」などと、心の負担になるのであれば意味がありません。
祈りは、自らの心が喜んで、微笑《ほほえ》んで、ルンルン気分で、そして真剣に行なうものでなくてはなりません。厳しゅく過ぎて、暗さを伴うものは本物ではありません。

・祈りのための生活をしていくと同時に、やはり世間話に見せかけた他人様《ひとさま》の悪口をやめ、努めて他を赦《ゆる》していく練習を、積む必要があります。

・よく、「毎日祈っている割には、あんまり良いことがない。祈りの効果は大したことがない」などという人がいますが、これは、自分の業《ごう》の深さを棚に上げた、もっとも恥ずべき不平不満の典型的な発言です。不平不満からは、何も生まれないことを肝に銘じるべきです。

・いつも祈っているのに自分の運気が向上しないとなれば、よほどの反省、懺悔《ざんげ》が必要でありますのに、万一、「祈りの効果はこんなものか」などという考えが頭をかすめるようであれば、その人は何をやってもムダでありましょう。大神様は純粋に祈る者だけを救われ、現象を見せずして信じる者だけを救われるのですから。

・自らの開運をあまりに意識して、むきになって祈ることは「我」につながり、かえって逆効果となります。

効を求めなければ、求めない分だけ祈りの効果はあるでしょう。気付いた時には、幸せになっていることでしょう。

祈りは人間の義務でありますが、義務感にかられてやるべきものではありませんし、焦って行なうべきものでもありません。

・人間の人生は祈るため、祈らせていただくためにこそあるのですが、多くの人々は神様から預かった、尊い、自らの心を邪悪なことのみに使い、自らを滅亡に追いやろうとしていることは残念なことです。

・こんなに大切な祈りでさえもそうでありますが、どんなに素晴らしいことにもとらわれないことが、極意なのでありまして、かりに一つのことにとらわれてしまえば、それが、たとえ素晴らしいものであっても、その人の成長はそこで止まってしまうのです。すべてのものは、どこまでも上があり、すべての人は、どこまでも成長して行かなくてはならないのです。

ですから、私たちの心は、常に柔軟にしておかなくてはならないのです。

・きのうは一回も祈らなかった。それも結構ではありませんか！　今日は、祈る回数が足りなかった。それも結構ではありませんか！

大切なことは、とにかく今からはじめることなのです。知っていても、実行が伴わなければ知らないのと同じなのですから。

・祈ることを忘れた人間は、歌うことを忘れたカナリア以上に、みじめです。意識して祈れることが、人間としての証であり、誇りなのですから。

・祈ることを忘れていた一日を、反省することは大切です。しかし、その気になれば今からでも遅くはないのです。ほんの五分間か一〇分間を、祈りの時間にあてて下さい。自分でも驚くほど、たくさん祈れることに気づくはずです。

・祈りに慣れていない人は、しばらくの間、カウンティング・マシーンを利用して、祈った数を、数えて、毎日メモしていくことをおすすめします。手に握ったまま、ポケットの中に入れて「神様、ありがとうございます」と、一度祈るごとに、「カチッ！」と押すのです。

そうして、毎日祈った回数をつけて励みにするのです。その回数の合計が、自分の陰徳の「預金高」になるわけです。

・祈りは、その気になればどんな時にもできます。通勤や通学の車中、交差点の信号待ち時間（徒歩の時）、食事を注文しての待ち時間などです。

・祈りの回数が少ないからといって、自分を責めてはいけません。私たち人間は、誰もが神様の子供なのでありますから、自分を責めることは神様を責めることになります。このことは、他人を責めてはいけないことと同様、とても大切なことです。反省は良いけれども、いつまでもくよくよするのは間違いです。

・祈りは、ともすると各種の瞑想に似ているように思われがちですが、あらゆる観点から考えても、まったく非なるものです。

・正しい祈りの生活を一人でも多くの人々が行なうことで、長い歴史において、地震や火山の噴火などの、あらゆる天変地異を避けることができます。またそれが、私たちが無責任に放ち続けている悪想念で、汚れきってしまったこの地球世界を数々の天変地異から救う、唯一の方法なのです。

・この世の中のすべての災いは、私たち肉体人間のよからぬ想いが集積して起こるのですから、皆で良い想いを放ちあえば、黒雲のごとく存在する悪想念を中和して光にさえ、変えてしまうことができるのです。

・この世の中で、一番良い想いとは何でしょう？　それは、感謝の想いなのです。

・草木は、土の上に敷かれたコンクリートさえ持ち上げて、やがて穴を開けて、芽を出します。すべてを天に任せ、常に神様と一体になっているのですから、それも当然のことなのでしょう。
しかしまた、祈りも同じように、たった一人の人の祈りが人から人へ絶大なる影響を与え、しいては、世界をゆり動かす力になるのだということを肝に銘じておくことが、大切です。ちょうど、将棋倒しならぬ、「将棋起こし」とでもいえると思います。

・一番困ることは、祈りということを知らない人に限って、知ろうとしない人に限って、「私も霊能力を身につけたい」などと、各種霊的なことに興味を持つことなのです。また、「悟りたい」などと考えることなのです。
第一、業《ごう》深き私たち肉体人間が容易に悟れるわけがないことに気付くことこそ、悟りの第一歩なのです。

・各種の瞑想や座禅などは心を中途半端に静（鎮）めてしまいますので、結果として、肉体人間の心の隙《すき》を狙っている「魔」にやられてしまうのです。

アンテナでも、一方向からの電波をキャッチするためのいわゆる八木アンテナ（テレビのアンテナ）と、あらゆる方向からの電波をキャッチする無指向性アンテナがありますが、人間の心は、常に何かに向かっている（向けている、キャッチしている）必要があります。日常、何かを考え続けている時でさえ、「魔」は私たちを狙っているのですから、安易に瞑想や座禅を行なうことは、裸で、ジャングルに一人座っているようなものなのです。

その点、正しい祈りでは、心のほこ先がこの世で唯一の「実在」である、大神様にはっきりと向かっておりますので、魔界の低級霊に入り込む隙《すき》を与えないですむのです。

私たち凡人は、どうせなれもしない「空無」を目指すのはやめて、徹底的に神様を想おう（考えよう）ではありませんか。

・祈りの最大の恩恵は、知らず知らずのうちに自分の人格（霊格）が高まってしまい、あらゆることが、気にならなくなることです。穏やかで、怒ることが少なくいられるようになることです。

そしてまた、自分が心に想った一言一言の祈りが即、社会を救っていく光となることです。

・祈ろうと思った瞬間の私たちの心が、私たちの本来の姿である神様の心なのです。その時の心の状態を、いつも持ち続けたいものです。

・「神様、ありがとうございます」という、単純だけれども（単純だからこそ）、奥の深い祈りの習慣が、間違いなく自らを救い、世の中を救うことになるのです。

・祈りは、声に出してするに、こしたことはありません。しかしそれでは、祈れる場所が限られてしまいますから、ごく小さな声で、または心の中で結構ですから、何かをしながらでも一回でも多く、祈った方がよいのです。

それが、ごく当たり前の生活をしながら、高次元を生きるという一番大切なことにつながるのです。

第八章◆これだけは、心に叩きこんで生きよう!

生命は何故、尊いのか

生命は何故、尊いか、などということをいい出すと、「そりゃあ、理屈をつけるまでもなく、生命は尊いに決まっているではないか」といわれそうです。この本を手にとって下さった方であれば、特に日頃からそのようなことを考えまた、勉強されているはずだからです。

しかし、私がここであえてお話ししたいことは宗教的、倫理的、道徳的な観点からというよりも、もっと単純に、この世的な観点からの「いのち」の尊さなのです。

何ごとにかかわらず、難しく考えると、かえってそのものの本質がわからなくなってしまうことがよくあるのです。

それでは一体、何故私たちはいのちを大切に考えるのでしょうか？

それは、いのちとはこの世的には、「限りある人生上の時間」のことを意味しているからです。魂レベルでは、確かにいのちは永遠のものでありますけれども、私たちの肉体界での「この人生」は、前にも後にも一回限りなのです。そしてそれは、宇宙史上はじめてで、また二度と再現でき得ない、「映画」なのであり、「劇画」なのであり、「記録フィルム」なのです。

「精神世界」といわれる世界に興味を持った私たちは、目に見えない世界、霊的な世界を理解するあまり、また宗教書の読み過ぎから、ともすると、この世的な一般論を軽視する傾向にありますが、これは大きな誤りです。

ごく普通の浅い考え方をすれば、せいぜい百年前後の人生の時間そのものが、いのちであるともいえるのです。

そして、いのちが時間であることがわかれば、いのちは有限であることがわかるのです。そして有限なもの、日毎に減っていくものであれば、大切にいとおしまなくてはならないのです。有意義に使わなくてはならないのです。

そこで私たちは、真に有意義な人生とは何か？　自らの人生を有意義なものにするには、どのような考え方で生活していったらいいのか？　ということを、ゆっくり時間を作って魂の底から、真剣に検討してみる必要があるのです。

「私たち」は大人になっても、五歳のままである

私たち人間は、普通大人の場合には自分のことを「わたくし」「わたし」「俺」などといっています。その他「わし」「小生」「あっし」「わい」などと、いう言葉もあります。

それにひきかえ、子供の時には「僕」「僕ちゃん」「あたし」「あたち」「あたい」などと、自称します。「まあちゃん」などと、自分を呼称する人もあります。

考えてみますと、言葉とはおもしろいものです。もしかしたら、あの、天下の徳川家康も、子供の頃には、「僕ちゃん、大きくなったら天下をとるの」などと、いっていたかもしれません。

さて、私たち人間は心身の成長と共に、さまざまな言葉を使いこなしていくわけですが、よく考えてみますと、言葉そのものは変わっても、「わたし」そのものの本質は、それほど変わっていないのであります。誰でも、「自分」とは何歳になっても、

ものごころがついた五歳くらいの時の趣味、嗜好、感覚、判断基準のままなのです。そして、本人の本質は同じなのに、知識だけが増え、身体の方は変化していくので、なんとなく成長しているような気になっているだけなのです。

人が老けるのは、思い込みや気どり、思い上がりがあるからなのです。「自分は嫁さんをもらったのだから、旦那らしくしなくては」とか、「私は社長の奥様なのだから、皆となんて遊べないわ」とか、「自分は有名人なのだから、バスなんかには乗れない」とか……。

また「自分は○歳だから、こんな色合い、感じの服」というのもあります（若い時のものが似合わなくなって、変えただけなのに）。これらはすべて、本人が深い根拠はないのに自ら作り上げて、自分に課している「足かせ」なのです。どうせいやでも、年はとるのに、もったいないことです。

また、特に芸能人、有名人を見ているとよくわかるのですが、デビューして一年、二年と経っていくうちに、もの凄《すご》いスピードで人間がすれていきます。当然、それに従って老けていきます。

自分の心さえすれていかないようにしていれば、身体も若々しくいられるのですが、そこが、人間の弱さなのでしょう。

人間は、何歳になっても、五歳の時の「僕」「わたし」のままなのです。大人になっても、子供の時以上に、感情の趣《おもむ》くまま、やりたい放題にやっているのではありませんか。

それなら、もっともっとお互いの心を裸にして、強がりも、建て前も、気どりもやめて、仲良く生きていくべきなのです。何故、もっと、仲良くやらないのでしょうか？

世界には百数十歳、またそれ以上の長寿を保っている人があります。

その人たちに共通することは、いくつかありますけれども、毎日を、心さわやかに一生懸命生きているという点、「年齢」とか、「人間は、年をとるものだ」ということ（概念）を考えていない、という点が注目されます。そして、その長寿者の年齢を数えているのは、本人ではなくて、周囲の他人であるという点が重要なのです。

「大宇宙の法則」の根本原理は、「すべてのすべては、その人が思っている通りになる」のですから、この世に生まれてから、どこからともなく、人間の寿命についての誤った教育（せいぜい百年位だという教育）を受けてしまった私たちは、誠に損をしているかもしれません。よく世の中には、「ガキ大将」がそのまま、大人になったような人がおります。

このような人は、周囲から「大人になってない人」などといわれるかもしれませんが、魂的には、実に純な素晴らしい人なのであります。

この汚れきった人間関係の世の中にあって、いつまでも子供らしさを失わないでいられたら、立派ではありませんか。

年齢なんて、社会か国家か、誰かが国民を管理するために生年月日を記録したことによって出て来た、ただの数字なのですから、何歳になっても、きどらず、威張《いば》らず、一日一日を淡々と生きていこうではありませんか。

自分が得意とすることは、もったいぶらずに、他の人のために提供させていただく。そして、自分の知らないことは、知っている振りをしないで、その道に詳しい人に頭を下げて教えをこう。こういう生活を心がけていれば、人間、そんなにすれたり、老けたりはしてはいかないものなのです。

人間の一生は、自分が思うよりも短い

お釈迦様は、常に弟子たちに「人の一生は短いから、修行の楽なこの肉体界にいるうちに、心して自らを高めよ」と、いわれたそうです。

本当に、その通りなのであります。

世間では、平均寿命などということがいわれ、誰もが自分も、八〇年は生きられると思っております。人間は、なんと、おめでたい動物なのでしょうか。皆さん、平均はあくまで平均なのであり、決して一人ひとりが、ということではないのです。

誰でも、子供の時ほど、年をとるのは遅いのです。つまり、一年が長いのでありますが、年代が進むほどそのスピードは激しく加速していきます。

もちろんどの一年も、数学的には同じ一年でありますが、実際には大きな差があります。

一〇歳の人が二〇歳になるには（20÷10イコール2で）二倍の年月、期間を要しますが、二〇歳の人が三〇歳になるには（30÷20イコール1.5で）一・五倍、三〇歳の人が四〇歳になるには（40÷30イコール1.33で）一・三倍……となり、七〇歳ともなれば、八〇歳になるのに（80÷70イコール1.14で）たったの一・一四倍という数字になってしまいます。これは、一〇歳台の人よりも、二〇歳台、三〇歳台と、年代が上がるほど一年が短くなっていくことを表すものです。

ですから、人生八〇年としても、その分岐点は四〇歳ではなく、もっと低いはずです。そして、人生上、一番大切なはじめの二〇年ほどを「教育」という名で、学校に縛られている現代人は、現行の教育制度を含めて、もう一度時間（イコール人生）の使い方を考え直し、人類一人ひとりが、より有意義な人生を送れるようにしなくてはならないのです。

ところで、特に近年、私たちの人生を短くしている原因に地球世界の波動の問題があります。

近代になってテレビ（提霊微）という、実に摩訶不思議な装置が発明され、また、あらゆる電気製品が小型、軽量、精密化されてきている事実は、世の中が、この地球世界がいよいよ、霊的になってきた証拠なのです。また航空機、新幹線などの乗り物のスピード化も、その証なのです。

そして波動的、霊的にいえば、この地球世界の波動はいよいよ速くなっているのです。その結果、一日が大変早く過ぎて、一年が大変早く終わるという感じになってきているのです。

幸い、私たちのように日本に生まれ、日本に生活している者にとっては、西洋医学が進歩したおかげで一応「人生八〇年」であり、それでも短いというのに、同じ日本でも戦前の人や、まして諸外国の方々の平均寿命は、今でももっと低いものでありますから、私たちは自分の置かれている環境に、いくら感謝してもしきれないはずなのです。大体、お上《かみ》から下々《しもじも》まで「国民、総思い上がり」で、上を見ることばかり考え、おごり高ぶっているから、何ごとに対しても感謝の気持ちなど湧かず、逆に不平、不満ばかりなのです。

とにかく人間の一生は、誠に早く過ぎ去るものです。「光陰、矢の如し」とは、よくいったものです。

私はこの頃、自分が今より若かった頃、お世話になった人、お付き合いのあった人のことを想い出します。きっと、自分が少し年をとったせいなのでしょう。

そして、その時の自分（の心や年齢）は、決して現在ではなくその当時であり、想い出す相手の状態も当時のままであります。

たとえば、自分が小学校一年生の時から三年生の時まで、担任だったあの「えこひいき」の先生は、三年が終わってちょうど定年退職のおばあちゃんだったけれども、今どうしているかなあ？　もしかして可愛《かわい》がっていた、お医者さんの子供（私の同級生）が大きくなって、その子に家でも建ててもらったかな？　などと、想い出されるわけです。

そして考えますことは、先生が何歳になっただろう？　ということなのです。

まず、私の年齢が現在三八歳で、小学校三年生の時は八歳ですから、三〇年経った計算になります。さて、小学校の先生の方は当時、五五歳でしたから、今年で八五歳という計算になります。

えぇ？　八五歳？　当時、八歳の子供の目から見れば、おばあちゃんだった先生も、まだ五五歳という若さだったのに、その人がもう八五歳になってしまっているという事実に驚かないわけにはいきません。

また何よりもショックなことは、先方も年をとったけれども、自分も三〇年も年を重ねてしまったという、否定できない事実です。そして、あまりにも反省点の多いその年月を、悔やむのであります。

もう一つ例を挙げて、お話しします。

今度は、皆さん自身のこととして一緒に考えてみて下さい。

かりに、あなたの年齢が今、四〇歳だとします。そして、今年で七〇歳になる、母親があるとします。

それではまず、あなたが一〇歳の頃に返って下さい。どうですか？　あなたの近くには、一〇歳のあなたから見ればずいぶんと年増《としま》に見える母親がいることでありましょう。ただその人は、一〇歳の子供から見れば、年老いて見えても、実際にはまだ若き、四〇歳なのです。そして、その母親が自分や家族のために、よく尽くして下さっているでしょう。自分の母親が四〇歳の時と、自分が四〇歳になられた今を比べてどうでしょうか？　もしかして、どう考えても自分の親の方が立派だったとお思いになりませんか？

次に、あなたがよく覚えているであろう、あなたの母親が辿《たど》られた人生のうち、四〇歳から七〇歳の現在に至るまでを振り返ってみて下さい。

母親が四〇歳の時、つまりあなたが一〇歳の時の、母親自身の生活、楽しみ、人生。そして母親が五〇歳の時、あなたが二〇歳になられた時の母親自身の生活、楽しみ、人生。そして六〇歳の時、七〇歳の今……。

いかがでしょうか？　あなた自身の三〇年間に比べて、母親の人生は幸多いものだったでしょうか？　母親ご本人は、その三〇年間の人生に、納得、満足していられるでしょうか？

私は思うのです。おそらく、ああすればよかった！　もっと〇〇したかった。苦労ばかりしているうちに、あっという間に年をとってしまったなど、様々な想いがあるだろうと……。

そのように、私たち肉体人間の人生というものは、考えようにもよりますが、誠にはかないものです。

繰り返していいますけれども、人間の一生は、あっという間です。たった今、光を放った星の光が、私たちの目に到達するのに要する時間よりも短いのです。

とかく人間は、自分が若い時は、自分より年老いた人を、バカにする傾向にあります。今どきの女子中学生、女子高生たちにいわせると、二五歳から三四歳までの男性のことを「おじさん」、三五歳から四四歳までを「おやじ」、四五歳以上は、「じじい」というそうです。なるほどと、感心していてはいけないのかもしれませんが、自分が一〇代の頃には、二五歳から三〇歳の人が相当「年寄り」に思えたことを考えますと、わからないでもないのです。

また自分が若い時は、私たち凡人は、年老いた親のことをついバカにしがちでありますが、気がついた頃には、今度は自分が子供たちや、年下の者たちから笑われる年齢になってしまっているのです。

そして、若き日の私たちからバカにされた両親も、若い時には私たちとそれほど違わない考えをしていたのであり、私たちを笑う子供たちも、もう少しすれば「おじさん」「おやじ」「じじい」といわれる年齢になってしまうのです。

ところで皆さんは、いわゆる老人病院や精神病院へ行ったことがあるでしょうか？　薬づけになって、ただ天井を見つめているだけの老人。ベッドの上や畳の部屋の片隅にうずくまって、動かない、ただ息をして生き（息）ているだけの老人。そして、彼らのうちほとんどは、つい最近まで社会の第一線でわがもの顔で下の者をこき使い、元気に飛び回っていた「エリート」なのです。そのような彼らの姿は、決して私たちと無縁ではないのであります。一般病院も同様です。病院には、生きるために身体じゅうに管をつながれた患者さんが、大勢おります。ＩＣＵやＣＣＵはその最たるものです。彼らも、決して特殊な一部の人々ではないのです。

あえて何回も申し上げますが、一人ひとりの人間の、自信過剰の心、思い上がりの心は、誠に強いものです。

その証拠に、相当に謙虚な人でも「自分だけは、病気にならない」と、何の根拠もなくそう思い込んでいるのです。

常に、前向きに、心を明るく仕向けていくことは大切なことでありましょう。しかしながら、暗い面を考えないで、ただ、巷に多く出回る「安心本」を読んだだけで、本当に明るい面が考えられるでしょうか？　人生が明るくなるでしょうか？

暗いことをよく知らない人が、本当の笑顔になれるでしょうか。

人間は多くの場合、辛いことを経験したことのある人こそ、真に優しくなれるのです（苦労し過ぎるとダメですが）。明るい面と暗い面は、セットなのです。

常に明るく、ほがらかに、大らかに、生きていくためにこそ、肉体人間の弱さ、もろさ、はかなさを、一度は認識しておく必要があるのではないでしょうか。

明日がある保証はどこにもない

人は、誰しも明日を信じて生きています。実際には、生かしていただいているのですが、自分の力で生きているように思っています。

ところが、皆さんもご承知のように、我ら地球世界の危機も、いよいよ来るところまで来て、断崖絶壁に立っている（断崖絶壁の凝りない面々）ため、各人の疫病は増え、次から次に天変地変が起こるという、厳しい状況を見ましてもわかるように、この穴だらけ、傷だらけの「地球丸」の乗り組員である私たち一人ひとりの身の上は、極めて危険な状態にさらされているわけです。

皆さん、この辺で、「自分だけは、明日も今日の幸福が続くのだ」という、誠に身勝手な希望的観測の思い込み、思い上がりを、一度捨てませんか？　そして、さらにさらに自らの運命レベルを高める努力を、そのためには、自らの人格レベルを高める努力をしませんか？

考えてもみて下さい。誰かがあなたの健康や安全や寿命などの運命を、保証してくれるでしょうか？　もし、困った時に助けてくれるでしょうか？

また、各種の保険は、今の幸せ、つまり健康や安全、長寿を維持、保証してくれるものではなくて、万一、不都合なことが起こった場合のためのシステムに過ぎないのです。

私たち個人個人の運命は、この大宇宙広しといえども唯一無二のものであって、またその運命を変革せしめることのできるのは、本来、神なるその本人のみなのです。誰も他を助けたり、その人の代わりに人格を向上したりはできませんし、助けてもらうこともできないのです。自分の健康や安全、人生、生命は自分が、責任を持って守り抜くということが大切なのです。

一度、「死」に直面した者だけが、本当の「生」を生きられる

よく、「一度、生死の境をさまよった者は強い」といわれます。その通りだろうと思います。その理由は、いくつか挙げられると思います。

・「大宇宙の法則」、「上りつめたものは、下降する」。また「落ちたものは、今度は上昇する」によって、生死の境をさまようほどに運気が落ち込めば、助かった後は、必ず上昇する。霊的、運命的に申し上げれば、一気にその人（魂）の持っている業《ごう》が消滅して、魂レベルがグーンとアップする。ひとかわ、むける。

・常識的に考えても、稀少な体験をした人は成長するケースが多く、その後、穏やかになったり、優しくなったりする。
・なかには、いわゆる「臨死体験」をする人もあって、その体験を通してそれまでの自分の人生が、根本的に間違っていたことを知り、その後の人生を極めて有意義に過ごす。実際、世界的に見ても、この臨死体験者は非常に多い。
・自分が苦労を味わったことにより、自分をより大切にするようになる。また、他者をも大切にして、尊重するようになるから、当然の結果として運命も上がっていく。

さて、世間でよく、「死ぬ気でやれば、何でもできる」とか、「一度、死んだ気でやれ」とか、いいます。しかし、人間という生き物は、自らが直接、体験しなくてはその気持ちにはなれない動物なのです。直接体験したこと以外は理解できないのです。

しかしながら神様の世界でさえ、この地球の肉体界で、人間として修行をされたことのない神様（高級神霊の多くを占める）方は、この肉体界の細かな様子、この肉体界で生活をする人間の心境は理解しにくい、といわれているくらいですから、無理もないのです。

人間が愚かな点は、他の人の気持ちや立場になったこともないのに、他の人のことをあれこれ批評することです。

またなかには、自らが自らの身体をもって体験したことさえも、否定する人があることです。

たとえば、病気で「心霊手術」を受けて帰ってきた人々の中には、自分の身体が奇蹟的に良くなって健康をとり戻したのにもかかわらず、「あれは、何かの夢だったのではなかろうか」「治ったのは、何かの偶然に違いない」などという人が少なくないのです。

まぁ、いずれにしましても、人間はとかく思い上がりが強いわりには、自分の限界を小さく見積もっている感がありますから、その点は、考えを改めて自分の限界に挑戦してみることも必要です（ただし、無闇に危険を伴うようなことをやるべきではありません）。

特に商売、事業などは、どうせ、やるならば、ちょっと「死ぬ気」で取り組めば、業績は飛躍的に伸びていくことは間違いないのであります。

ところで先ほど、この章の前のところで、私たち日本人の人生の分岐点は、四〇歳ではない、ということなどをお話ししましたが、ここではあえて譲って、人生八〇年、その分岐点を、およそ四〇歳と仮定します。

私は特に、この四〇歳以上の年代を「余り」の人生、「拾いもの、儲けもの、見っけもの」の人生として生きることを、おすすめしたいのであります。戦争の生き残りではないけれども、余りものと思えば、欲を捨てて、一生懸命生きられるし、見っけものと思えば、今までの人生とは違ったことにかけることもできるからです。そして良い意味、前向きで正しい意味での諦《あきら》めの上に立った人生は「何が何でも、他に負けないように、うまくやって成功しなくてはならない」というとらわれが少ない分だけスムーズにいきやすいからです。

世間では、「男は四〇歳で立つ」とか、「男は四〇歳を過ぎたら、自分の顔に責任を持て」とかいいますけれども、私は「男も女も、四〇歳を過ぎたら、いよいよ人として、真に有意義な生き方をせよ」と、申し上げたい。そして、五〇歳代になってからの人生観や生き方の大変革は、本人にとってなかなか勇気を必要として、できにくいということも申し上げたい。

確かに日本では、四〇歳（代）という年齢は、まだ「鼻たれ小僧」かもしれないけれども、国が変われば常識も変わり、四〇歳（台）といえば「老人」ともなるのです。

そして経済的な面から考えれば、四〇歳（台）という年齢は、我が日本でも決して「鼻たれ小僧」ではなく、一番、信用のある時でもあるのです。でありますから、「四〇歳は、第二の成人」といってもよいと思います。第一、四〇歳台や五〇歳台位まではともかく、それ以上になったら銀行だって一銭も貸してくれません。三味線の皮にするネコでさえ、若くて白いメスネコを使うのですから、年をとって得なことなどないのです。

さて四〇歳ともなったら、せめてその後の人生は「真理」に照らして、恥ずかしくないような生き方をしたいものです。まだ若い、血気盛んな時ならともかく、いつまでも焦り、妬み、怒り、争う人生を送っていては何の進歩もない。進歩がないどころか、ますます業《ごう》を作り、自らの魂の品性は後退してしまいます。

いつの時代にも、前半生で滅茶苦茶なことをやってきた人が、ある時からがらっと生き方を変えて、大いに世に尽くすことがあります。

さんざんなことをしてきた人間は、自分ではそれをわかっておりますから、どこかで、少しでも善行を行なって、それまでの埋め合わせをしようと考えているので、ひょんなことで生き方の変革をした場合には、その後半生において、前半生での悪業を精算してしまうような、大いなる人道的な働きをすることがあります。

ところが、一番始末の悪いのが、前半生でいわゆる、普通の人生を過ごした（と思っている）人です。

世の多くの人々がこの部類に入るわけでありますが、「自分は、何一つ悪いことをしたことがない」などと思っているほど、恐ろしいことはないのです。

依然として、このような大それた考えを平気でする人がほとんどなのです。そしてこのような人たちは病気をしたり、他に騙されて会社をつぶしたりした時に、「どうして私が、こんなひどい目に遭わなければならないんだ！　私は何一つ、悪いことをしたことがないのに……。やっぱり、自分を大切にしてくれなかった家族が悪いんだ。

そうだ、自分をこんなに働かせた会社が悪いんだ。また、企業をそういう体質にした、政治が悪いんだ」などと、自分の日頃の言行をすっかり棚に上げて、責任転嫁するのです。

しまいには、自分の病気が良くならないことを病院のせいにしたり、自分の仕事上のミスさえも部下のせいにしたりして、自滅していくのです。

とにかく人は、四〇歳を過ぎたら加速度を増して、「死」に向かって生きていかなくてはならないのです。心して、心して取り組む覚悟が必要です。

生かされているだけでも、幸せ。足ることを知れ

いと深きご縁があってこの本を手にして下さっているあなたは、今、身体のどこかが痛いですか？　おそらく、特別には痛いところはない、という方の数が多いでありましょう。

また、今、呼吸が苦しいですか？　おそらく、おかげ様で息だけは正常にしている

よ、という方がほとんどでありましょう。

もしかしたら、「息しているに決まっているではないか」と、当たり前に思う方もあることでしょう。

でも、よく考えてみて下さい。今、特別に痛いところがないのは当たり前でしょうか？　息しているのは当たり前でしょうか？　かゆいところがないのは当たり前でしょうか？

いいえ、いいえ、冗談ではありません。世の中にはたった今も、あらゆる原因で身体の苦痛に喘《あえ》いでいる人、息も絶え絶えで、生死の谷間をさまよっている人が大勢おられるのです。

私たちは、何でも当たり前だと思っていてよいものでしょうか？

いいえ、決してよいはずがありません。特に日本では大人も子供も、何でも当たり前だと骨の髄まで平和ボケしてしまっているから、何に対しても感謝の気持ちが湧かないのであります。

世の中には、ありがたいことが無数にあります。あらゆることがありがた過ぎるから、かえって見過ごしてしまうのかもしれませんが、そんなことでは、私たちは到底、幸福とは何かを、理解することはできないし、到底、幸福をつかむこともできないでありましょう。

幸福を自分のものとするためには「……だけでも、儲けもの」という発想が、必要なのです。

〈ありがたいことの例〉

・吸える空気があるだけでも、ありがたい。――万一、首都圏に大地震が起きたら、首都圏にある数千万トンの有毒ガスがたちまち広がり、生物の呼吸そのものを奪う。東京湾沿岸には、約二万六千個の化学タンクが座り続けていることを忘れてはなりません。

・飲める水があるだけでも、ありがたい。――巷では、第○次？　水ブームとか……。もっとも、ブームなどといってはいけないのかもしれないのですが、水道水の害を声高にいう前に、とりあえず、飲める水が蛇口から出るということに感謝しなくてはなりません。

・着る物があるだけでも、ありがたい。——世の中には、たったこの瞬間にも着る物一枚ないがために、寒さで生命を落としていく人がいることを忘れていいものでしょうか。街を歩けば、右も左も新柄スーツに、新柄コート。グッチにダンヒル、ニナ・リッチ（皆、リッチ）、こんなことがいつまでも続くわけがないではありませんか。

・食べる物があるだけでも、ありがたい。——日本人が、（決して全員ではないが）飽食の生活を送っているなか、世界の多くの国々では深刻な飢餓状態にあり、たった一握りの食事がないために、多くの生命が失われています。その犠牲者には、幼い子供も多いのです。また我が日本でも、父子家庭、母子家庭をはじめ、諸々の理由で働きたくても働けないために、極度の貧困に喘いでいる人は多いのですが、報道されません。

・住むところがあるだけでも、ありがたい。——皆さんは、地下街、橋の上、ガード下、あるいは河川敷などで寝起きをしておられる方を見ることがあると思います。その時、皆さんはどのように見、感じ、接していられるでしょうか。もしかして、目をそむけて速足で通り過ぎるのでしょうか。

確か、私が一五歳くらいの頃だったと思います。もともと各種の方位学や姓名学の研究からこの道に入った私は、東京の各地で、いわゆる「街頭易者」をやっていたことがあります。

新宿、原宿、中野などに「店」を出していたのですが、「店」といっても、午後三時で閉店した銀行のシャッターに貼り紙をして、立っているという程度の誠に粗末なものです。

幾つか忘れられない想い出があるのですが、新宿では、昔から著名な「新宿の母」のむこうを張って、「新宿の父」とばかりにがんばったことを、記憶しております。

商店の閉店後、またはデパートの定休日に、その軒先に「店」を出すのですが、そういった場所は先ほどお話ししたような方々の休憩、兼宿泊場所でもあるわけです。そんなことから、私は彼らと交流を持つようになったのです。そして、彼らの世界を少し知り、理解するようになったのです。

もともとあらゆる人間に対して、一切の偏見がない性質に生まれた私は、「人間は、皆同じ。偉い人もないし、特に愚かな人もいない」と思っておりましたから、彼らに対しても、結構親しみを持っていたのでありますが、それでも驚いたのは、彼らの経歴やものの考え方、人柄です。

少なくとも、私が知り合った限りでは、案外生い立ちが良い人が多かったですし、経歴も、ある年齢まではごく普通に生活している人と変わらなかったですし、ものの考え方、人間性は、むしろ「一般」と称する人たちよりずっとマシであったということです。

ある男性は、このようにいっていました。

「私が生まれた頃、私の家は決して貧しくはなかった。今でいう、雑貨屋のようなことをやっていていろいろな商品を扱っていたから、むしろ、恵まれていた。ところが、自分が成長するに従って、いろいろなことが起き、ひょんなことで家がつぶれてしまった。……自分も少し前までは、建築現場の後片づけなどをしていたが、最近では足もよくないので働いていない」と……。

そして、私の質問に答えて下さって、「神様はいると思う。信じている。また、働いてもいいと思っている」と。

私がお話ししたいことは、彼らのほとんどは、決して特別な人格や運命の持ち主ではないし、決して、一部の特殊な怠け者ではないということなのです。私だって、あなただって、いつひょんなことで同じようになるかもしれないのです。紙一重《ひとえ》の差なのです。

私は、今日では「ホームレス」と呼ばれる彼らや、心身に障害を持った人たちに、皆さんが街中で出逢った瞬間、心に何を思うか？　何が心をかすめるかで、あなたの人間性を量《はか》れると思っています。その瞬間、彼らの姿に「自分」を見たか？　または、彼らと自分との間に、大いなる距離、差を感じてしまったか？　によって……。

なお、余談になりますが、この雑貨屋さん生まれの男性には、私も生まれ月が同じだったことなどもあって愛着を感じ、仕事を紹介したのでありました……。懐しい想い出です（恐るべきは、あれから二〇年も経ってしまったという事実です）。一体、自分は何をしていたのだろうか？　と考えます。そして、皆さんの人生はいかがだったでしょうか？

これだけは、心に叩きこんで生きよう！

・子供が健康で生まれただけでも、ありがたい。――現代は環境要因、時代的要因、霊的要因などにより子供の授らない人が多い。また、これも伏せられているけれども、「異常出産」もまた多いのです。自分の昔（子供の時のこと）を棚に上げて、限りなく欲張って、自分の子供にさまざまな夢を託し、無理難題を押し付けている親たち、いい加減にせい！　五体満足で生まれた、「わが子」。それ以上、何が不足なのだ！　世の中には、子供が笑っただけで感激している親もあるのです！

・精神病でないだけでも、ありがたい。――地球世界の危機にある今、いわゆる「地獄界」で苦痛に喘ぐ御霊《みたま》たちや、心悪《あ》しき御霊たちは、おそれ多くもこの肉体界の肉体人間に、隙《すき》をねらっては入り込み、または、強力な凶悪波動を送り、肉体界にいる人間の人格や運命を滅茶苦茶にしています。精神病、あるいはそれに準ずる人が多くなっているのも、そのためです。

・心に、大きな痛みがないだけありがたい。――一日二四時間、一瞬も忘れ難いような苦痛を持っている人も多いのです！

・戦争の、真っ只中にいないだけ、ありがたい。――平和は、決して当たり前ではないのです。今日の私たちの生活は、日本とアジアの人たち約二千数百万人の尊い犠牲の上に築かれていることを、忘れてはなりません。

・悪業の数々に遭わないだけ、ありがたい。——戦争、呪い、恨み、妬み、拷問、虐殺、濡れ衣、誘拐、人身売買、臓器売買、強姦、生き埋め、脅迫、弾圧、奴隷などの被害者、関係者でないだけありがたいのです。

・悪業の数々を起こさないですむだけ、ありがたい。——あらゆる「罪」もまた、霊的な、それも低い世界からの影響であります。つまり、誰もがその凶悪波動を受ける可能性があるのです。

・目が見えるだけでも、ありがたい。——こんなありがたいことって、あるでしょうか？　一つの実験として、たとえ一分間でも、目を閉じていられるかどうか、考えてみて下さい。私など、ほんの一〇秒間でも、不安でたまりません。この一つを考えても、私たちがいかに幸せか、わかります。

そして世の中に、目で光を感じない方、自分に何がみえていないのか、はじめからわからない（物を見たことがない）方が多くおられ、私たちよりも強く、正しく、生活しておられることを考えますと、恥ずかしい限りです。きっと、この本を手にとって下さっているあなたは、私と同じように目が見えるでありましょう。であれば、一体、それ以上、何を望むのでしょうか？

そして幸せなことに、目が見える私たちはついつい、他者のアラを捜したり、他者を責めたり、しているわけですが、神様はそんなことをするために、私たちに目を授けて（預けて）下さったとは思えないのであります。

耳がきこえるだけでも、ありがたい。――もし、耳がきこえなかったら、私たちは近づいて来る自動車や、その他の危険物に気づくことができません。また、他人が、たとえ自分の悪口をいっていても気づくこともできません。もちろん、すばらしい音楽をきくこともできません。

世の中には誠にさまざまな情報が溢れ、またいろいろな人が、いろいろなことをいいます。私たちは何を取り入れるべきか、また何は取り入れるべきでないかを、冷静に謙虚に、そして正しい判断基準によって選択していかなくてはなりません。

もし、その選択を間違えれば、その責任は自らがとらなくてはならないことを、知っておくべきです。聞くのはたやすく、判断するのは難しいということです。

・口がきけるだけでも、ありがたい。——私たちは責任を持って、自分の口を使っているでしょうか？　他者をけなすより、ほめることのほうが多いでしょうか？　自分に都合のいいこと、正しくないことばかりを語ってはいないでしょうか？　口がきけるから、つい余計なことをいい、他者を傷つけ、自分も傷ついているのではないでしょうか？

一方、口がきけなければ、必要最低限のことしか他に伝達しませんから、それだけ「罪」を作らないですむのです。私たちは時折、修道（院）生活を見習って、口がきけなくなったつもりで生きていくということが大切なのです。

言葉を発する時には、この宇宙空間を汚さぬよう、正しいこと、真理に適ったこと、明るいことのみを語る必要があるのです。

・ものが食べられるだけでも、ありがたい。——世の中には、食べるものがない人がたくさんおられます。世界じゅう、飢餓だらけです。でも、食べるものが目の前にあっても、もし身体が健康でなければ、食べたくても食べられないのです。

私たちが、毎日当たり前と思っている日常生活は、あらゆる条件がたまたま揃っているからでき得ている、奇蹟なのだということに、私たちは気づかなくてはなりません。

今日も、夜が明けました。これも、いわば奇蹟です。今日も、生かされております。これも、大いなる奇蹟です。これが、本当の「超常現象」でなくて、何でありましょうか？

人間の生き方には、二通りある

人は皆、自らが強く志願して、選ばれて、この肉体界に生まれてくるわけです。そして、個人個人が、決して他の人には替わることのできない、天命を持っているのです。

でありますから、誰の、どのような人生も、その個人にとって、社会にとって、宇宙にとって、かけがえのない意義を持っているのです。

そのような基本的なことを頭におきまして、ここでは、人間の生き方には二通りあるということについて、お話しします。

ここでは、わかりやすくお話しするために、陽の人生と陰の人生という表現を使うことにします。念のため、はじめにお断わりしておきますが、陽の人生は明るい人生で、陰の人生は暗い人生……というように、短絡的には考えないで下さい。

〈陽の人生〉

陽の人生とは、基本的に、いわゆる世界でいうところの成功を目指して励む人生です。でありますから、自ずと他を押しのけてでも、自分がはい上がろう、目立とう、頂点に上ろうという、弱肉強食の心が働きます。立身出世、名誉、栄誉を求める人生です。

特徴として、常に自己を強く主張します。そうしなければ、世に出ることができないと思っているからです。なかにはチャンスを得て、本を出版したり、業種によっては人を集め、会や団体、会社を組織して、その長になる人もあります。ものを書き、しゃべり、表現したくて仕方がない、「我」の人生です。

そして、この社会的地位や名誉や財や多くの人脈を欲するこの人生を、世のほとんどの人が目指しているわけです。ところが、地位と名誉は容易には得られないから、口には出さないけれども、かなりの人たちがそれらを得るために、仲間の足を引っ張っていくわけです。

この、陽の生き方の長所は、良い意味でも悪い意味でも、世の中全体に活気がみなぎり、それなりに文明文化を発展させることです。他に勝って、立場や富を得るために、あらゆるものを発明し、製造し、他者を騙してでも販売していくからです。産業が発展するわけです（なかには大きな事業を成功させて、多くの人々を養う人もあります）。そしてまた、物やシステムの他、主義、主張、哲学、宗教といった、多くの精神的な分野をその内容の是非はともかく、発展させます。

短所としましては、多くの人々と競争して事業などを展開していくなかにあって、エネルギー的にいえば、誠に絶大な量の恨みの想い、妬みの想い、他の幸福を呪う想いを産出します。相手（ライバル。同業他社）などを呪い、自分もまた、呪われることになります。これが、競争社会の宿命です。

なぜならば、常にトップの座（社長というポストや、業界第一位の栄誉など）は一つでありますし、お金、貨幣という限られた量のものの、取り合いをしているからです。

また、苦労やストレスがあまりに大きいわりには、得られる地位や富は少なく、むしろ、苦労して仲間を裏切っても、成功できない人のほうが多いのです。

〈陰の人生〉

基本的に、いわゆる世の中でいうところの成功にはあまり関心を示さず、比較的おとなしく、生活していく人生です。

でありますから、わざわざ他を押しのけてまで、自分がはい上がろう、目立とう、頂点に上ろうという心はあまりありません。立身出世、名誉、栄誉にはあまり興味がない人生です。

特徴として、言葉や態度、顔つきに自己を強く主張する心、自我が少なく、穏やかであります。それでいて、十分やっていけるからです。

何ごとも一言で、短絡的には申し上げられませんけれども、人を集め、会や団体、会社を組織して、その長におさまって何かをしよう、大きなことをやろう、という気持ちはほとんどありません。自分の考えなどを書き、しゃべり、発表する必要をあまり感じない人生です。

それもそのはず、本人の心が、「我《が》」が少なく、安心立命の境地にあるから、ことさら「何かをしなければ」という、焦りや使命感、義務感がないからです。

そして、この社会的地位や、名誉や、財や、多くの人間関係をあまり望まないこの人生は、どういうわけか、世のほとんどの人から敬遠されております。

しかしこのような人たちは、数が少ない上に、周囲の欲でギンギラギンに目が光っている人たちに安心を与え、尊敬も受けることから、案外暮らし向きは良くなっていくのです。

この陰の生き方の長所は、非常に穏やかであり、陽の生き方をしている人たちに比較して、怒ることがありませんし、また争うことがありませんから、陽の生き方の人に比べて業《ごう》を作りださないということです。また当然のことながら、他との競い合い、恨み合い、妬み合いも必要としませんから、心身や魂の健康や成長のためには、この上ないわけです。

そして生活は、どちらかといえば自給自足型ですから、生活費も、比較的安くてすみ、結果として陽の人生の人のように、資源、つまり神様をムダ使いして、公害を出してまで新しいものを作り続けて売る、という罪を犯さなくてすむのです。

短所としましては、万一、多くの人々がこのような生き方をした場合には（今のところあり得ませんが。しかし、古代はそうでありましたし、今後また、回帰します）、世の中は非常に平安になりますが、競争原理が薄らぎますので、幼い次元の魂の人間から見れば、なんとなく面白味がない感じになります。

それは、一時期、土地ころがしで儲けていた人が、世の中が不景気になって（実は普通の景気、普景気になっただけ。「平成」で、貧富の差が縮小して、平ら、平等、平穏になっただけなのですが）、なんとなくつまらない感じがしているのと、同様です。

また陰の生き方は、何かを強く主張して、広めていこうとする外に向かった生き方ではないため、さまざまな物や情報が広まるには時間を要するようになります。

しかしながら、陽の人生の場合、情報の伝達力はあっても、誤った情報、教えや、良くない物も広まっていくことを考えますと、短所とはいえないのです。

ちなみに、いつの時代にも真の指導者は、ほぼこの陰の人生を好むようです。結果として、世に名前が出る人もなくはありませんが、少なくともそれは、本人が望んでなった、陽の人生のそれとは異なるのです。

大体、どのような教えでありましても、はじめにそれを説いた人には、「なんとしても、これを広めなくてはならない」とか、「この方法以外はいけない」とか、いう焦りや思い上がり、「我」などが、比較的少ない場合が多いのです。

むしろ、その教えを受けた弟子たちが、やたらに焦って、無理にでもその教えを広めようとしたり、教えの拡大解釈や、自らの師の神格化を計っていくのであります。そして必要以上に、その支持者の数を増やしていく努力をするのです。

実は、私たち人間の、何か(正しいこと)を「広めなければならない」「書かなければならない」、また「他者の病気を治してあげなくてはならない」などという想いは、表面は人間としての正義感、使命感、「善」を愛する本能、奉仕心からきているように見えますが、実際には、自分が先頭に立って、行動を起こして、認められたい、自分が大将になりたい、自分が知識のある人間であることを自慢したい、などという、誠に業《ごう》深き、自己顕示欲、つまり「我《が》」の顕《あらわ》れである場合がほとんどなのです。

この「俺が」「私が」という、あまりにも強い人間の「自我」の減少、滅却を計ることが、私たちにとって最大の課題なのです。

そして、ある教えやものごとが広まっていく量や、その支持者の肉体的頭数《あたまかず》などにとらわれる考え方そのものが、実に、唯物論的な発想なのです。

世の中には、最近はやりの、労少なくして大いなる収穫を上げる、各種の「農法」。また努力少なくして能率が上がる、各種の「勉強法」。また時間をかけることなく読書ができる、各種の「速読法」など、一見「優れもの」がいろいろ出てきておりますが、これらも皆、「大きいものは、小さいものよりも偉い」「質よりも量が大切である」「ものの根本、経緯、経過よりも、結果のみが重要である」「速いことが、尊い事である」という、大いなる唯物的、短絡的な誤った価値観から生まれた産物なのです。

これは、元を辿《たど》れば「人間は塵《ちり》からできた」という神智学や「肉体（脳髄）が先にできて、その後に付随して、精神作用（心の働き）が出てきた」とする、現代科学の誤りから来るのです。

ある正しい教えやものごとが、肉体的に何人の人に、受け入れられたかということより、どのような人格、判断力を持ち、このあとでお話しする、どのような波動を持つ人々に受け入れられたかということのほうが、重要になってくるのです。そしてそれは、「霊的人数」ともいえるものなのです。

さて、ここで、人間の仕事には二つの種類があるということを、十分ご理解いただきたいと思います。

私たちは普通、この世的に見て、あの人はこういう仕事をしているとか、していないとかいっております。ところがそれは、あくまでその人が、その人の肉体を用いて何をしているかということを、つまりは主に、「身」と「口」を用いて、何をしているかということをいっているのであります。

これも、確かにその人がしている仕事には違いはないわけですが、実は、これはその人間の仮面（かりの姿、一面）であって、人間はもう一つ、心、つまり「意」を用いて、（かりに本人が意識しなくとも）霊的な働き、「活躍」をしているのです。

この点は、今まであまり言われておりませんけれども、大変に重要なことなのです。

人間は、誰もが、その人固有の波動を醸《かも》し出しております。そして、その波（光）の清濁や強さ、特に影響を及ぼす範囲が皆、異なります。それらは、その人の霊性（人格）、考え方、生き方によって大きく違ってくるのです。

たとえばここに、大変、人格高潔で穏やかな人がいたとします。そして、この人は真理に明るく、正しき神を敬っているとします。そうしますと、この人がそこに存在するだけで、澄みきった、かつ強力な光がその人の周囲はもちろん、知人、縁者、先祖、子孫に行き渡ることになるのです。

そして、場合によっては、直接良い影響が及ぶ範囲は、人格が劣り真理に目覚めていない人の何倍、何十倍、何百倍、何千倍にもなるのです。またその崇高な光は、縁深き人から人へ伝播して、世に、とてつもない浸透力を発揮します。

つまり、その人は表面上はごく当たり前の仕事、生活をしていながら、霊的には、救世のため大いなる働き（浄化）をしていることになるのです。このスケールが、特別に大きい方が、いわゆる聖者なのです。この働きは、本人がこの世的に肉体を使って働いている働きに比べて、あまりにも大きいのです。

また、これとは逆に、ここに人格劣悪で、怒りや争いの想いを持つ人がいたとします。そしてこの人は、真理に暗く、無神論（科学崇拝教）、もしくは誤てる信仰におちいっているとします。

そうしますと、この人がそこに存在するだけで、汚《けが》れきった、かつ強力な光がその人の周囲はもちろん、知人、縁者、先祖、子孫に行き渡ることになります。場合によっては、直接悪い影響が及ぶ範囲は、人格高潔で、崇高な光を放ち続けている人に負けないくらい、広いものになるのです。また、その悪《あ》しき波動は、本人の魂に縁深き人から人へ伝播して、世にとてつもない、浸透力を発揮するのです。

つまり、その人はもしかして、表面上はごく当たり前の仕事、生活をしていたとしても、霊的には日夜地球世界の滅亡を企んで、この世的、霊的に活動している「魔界」の輩《やから》の片棒を直接かついでいることになるのです。

このスケールが特別に大きい方が、多くの政治家、財界人、文化人、ジャーナリスト、評論家、教祖なのです。そして、この働き（罪業）は、本人がこの世的に肉体を使って働いている働きにプラスされて、相当なものになります。

ここでおわかりのように、ある人間が持っている、知識、教養、体験、性質、考え方、生き方、思想観、道徳観、宗教観などは、その人固有の波動として、絶えずその人から周囲に「送信」されているものでして、ことさらからだや言葉、つまり「身」や「口」で表現しなくてもよいということです。逆に申し上げれば、それは本人が望む、望まないにかかわらず、「放送」され続けているということです。

ですから、私たち一人ひとりは、くれぐれも瞬々刻々の、自分の心の状態に責任を持っていかなくてはならないのです。第一、すべては自分に返ってくるのですから……。

人間は、あることをある人に指導、教育、布教、普及する場合に、とかく言葉「口」を使います。身振り、手振り「身」を添える場合もあります。これは、この項でお話ししている、陽の生き方です。そしてこの方法は、いかにもその効果がありそうに見えますが、相手方の反発を招きやすく、エネルギーを使うわりには絶対的なものではないのです。

一方、あることを、ある人に教えようとする場合に、自分の日頃の態度、行ない、考え方、生き方（どちらかというと「意」）によって、自ずと相手方に伝えようとする、または伝わっていく方法があります。この方法は、ちょっと考えますと即興性に薄いように見えますが、相手方との摩擦を起こさないため、結果的には大きな収穫を挙げることも可能なのです。

たとえば「神様を信じようとしない家族に、いくら口で神を説いても、ますます反発するけれども、家族のことはひとまず置いて、自分が一生懸命祈りの生活を続けていたら、いつの間にか家族もなびいてきた……」などという話は、実に多いのです。そうです。祈りは、何よりも積極的な、前向きな、明るい「陰の人生」（のパスポート）なのです。

さて、ここで、この肉体界で大切なのは、肉体（物質）なき世界と同様、波動なのであるという話をもう少しします。

たとえばある景気の良い会社に、この世的にだけ考えれば、あまり才能もない、それほど会社の役に立っているとは思えない、一社員がいたとします。そして、今はやりの人員整理によって、その人が会社を辞めさせられてしまうとします。その結果、ひょんなことから、この会社の業績が落ち込んだり、会社がつぶれてしまったりする場合があるのです。

それは、目に見える世界に人脈があるように、霊的な世界にも、それ以上の人脈（霊脈、魂脈）があるから起きることなのです。その、平凡な一社員をクビにしてしまうことで、その人がいたからこそつながっていた取り引き先や、優良顧客との縁がバッサリ、断ち切られてしまうからなのです。

その社員の背後に働く諸神・諸霊と、その会社の取り引き先や、優良顔客の背後に働く、諸神・諸霊との仲（縁・絆）によって、業績が伸びていたからなのです。

ですから、企業たるものの代表者や人事担当者は、特に、人やものを見る目を普通の人の何倍も養って、間違っても、自社の「守り神」を辞めさせてしまうような誤ちを犯してはならないのです。社員一人ひとりの人格や運命を見透すこともできないで、何が人事部でしょうか……。

ちなみに、この目に見える世界での出逢い、人のつながりも、すべては目に見えない世界からの計らいであります。

また逆に、この世的にだけ考えれば、才能豊かで会社のために有益だと思われる、でも運命的、霊的に深い見地から考えます時、決して本人に悪気はないのに、会社のためにとって、極めて悪影響をもたらすというような人も多いのですから、よくよく注意が必要です。

そのほんの一例としまして、運の悪い人間を社員に揃えますと、会社や組織は個人の集合体ですから、何かにつけてツキがなく、ものごとが悪い方、悪い方に行くようになりますし、特に「非難運」のある社員がおりますと、とかく、会社が他より非難されるようなことが起きてきて、ついには信用を失ってしまいます。

ですから会社でも団体でも、何の組織も一番上に立つ者が己を徹底して磨き抜き、その光によって、真に優れた人材を引き寄せるということが基本になるわけです。

もう一つ、例を挙げてお話しします。

かつて音楽の世界に、グループ・サウンズブームが吹き荒れたことがあるのを、皆さんもご存知かと思います。そのトップ・スターだったのがジュリー、ショーケン、そしてマチャアキだったわけですが、そのG・Sブームも時の流れのせいか、「あごあし」がかかる（ギャラを払って呼ぶ場合に、人数が多いため、食事代や交通費が余計にかかる）せいかわかりませんが、過ぎ去ってしまいました。

彼らG・Sの運命も実におもしろいもので、そのメンバーの組み合わせで、はじめて人気を得られるのであって、その何人かのメンバーのうちたった一人が交替しただけで、とたんに人気が下降線を下ったグループも珍しくありませんでした。

また、なかには、グループの看板的、スター的存在である「ヴォーカル」担当のメンバーが、そのグループから独立してソロになるケースもありましたが、結果は、多くの場合あまり思わしくありませんでした。

それは、人間という存在が単に肉体的存在ではなく、波動的、霊的存在であって、お互いに霊妙不可思議に影響、関係をし合っている証なのです。人間は、波動の世界でも、肉体の世界以上にお互いの本心同士、交流し合っているものなのです。

ちなみに、日夜私たちを守り、導き続けて下さっている守護の神霊方同士は、つたない私たちの代わりに、絶えずあらゆる御魂（人間）との交流、交際を計って下さっています。

ここで話を元に戻しますが、要は、人間の生き方には陽の人生と陰の人生があり、陽の人生を歩めば、やがて多くの人に給料を払い、その人たちの生活を支えるようになるかもしれないが、事業維持のため、業《ごう》も作る。陰の人生を歩めば、他から称賛のまなざしで見られるようなことは少ないかもしれないが、いわゆる「ホームレス」の人たち同様、大きな罪を作らず、また、修道院の修道女同様、「身」や「口」による罪を作らない（修道生活では、沈黙ということが、大変に重要視されている。当然、祈りは最重要課題である）、ということです。

そしてここで私が申し上げたいことは、陽の人生には、大きな危険を含みながらも陽の人生らしい良さがあること。また、陰の人生には一見、陰遁的で地味であるけれども、限りない平安があり、むしろ本人の心は前向きであり、陽気でいられることなのです。

人はそれぞれに天命があり、個性も違うわけで、向き不向きもあるかとは思いますが、一度ご自分の人生を考え直していただければ、幸いに思います。

我欲を減らすと、自ずと運命が良くなる

私たち肉体人間は、限りなく欲深く、業《ごう》深きものであります。

しかしながら、この欲の量を減らせば減らすほど、それに反比例して、本人の心の平安が得られてくるのです。

昔から、聖者、賢者が「真理に基づいた生き方をして、欲ばらず、ものごとに感謝せよ」といって下さっているのは、いかように考えても、その道が他の道より、得な道だからです。

決して、他のために己は犠牲になれ、といっておられるのではないのです。その道が、本人にとっても他にとっても、そして世の中全体、宇宙全体にとってもプラスだからなのです。

大体は、心の中で、勝手にライバルを決め、敵視し、その相手から何かを奪おうとするから、とろうとする側ととられまいとする側の争いになるのです。常に、そんなことばかり考えていなくても、もともとこの大宇宙には、すべてのすべてが遍満しているのですから、あまり過剰な欲さえかかなければ、そして心を正しくしていれば、その人に必要なものは自ずと得られるようにできているのです。

また今日、自分を含め、誰でも欲の塊《かたまり》でありますから、もし他に何かを与えようとした時には、あまり欲張ってない人に差し出したくなるものです

とにかくいつの時代も、他と同じ生き方をしていれば競争が激しくなるのは当然でして、常に、他の人々よりも先を行く、新しい生き方に切り換えていくことが自分自身の幸福と平安、ひいては世界の幸福と平安を得ることにつながるのです。

あなたは一体、いつまで古い過去の生き方に固執しているのでしょうか？

みんな、ただの人間。たいした差はない！

人間は、一般的に、子供のころから身体があまり頑丈でなく、たびたび病院へ行っているような人ほど謙虚です。病院では、ほとんどの人は、おとなしく患者を演じますし、少なくとも、病院ではそんなに威張れないからです。しかし、その経験が本人にとりましては勉強、修行になるのです。

人間は他に頭を下げた回数分だけ成長でき、他に頭を下げさせた回数分だけ、業《ごう》を作るからです。また、子供の頃から、いわゆる「鼻たれ小憎」で、他の人より一歩も二歩も遅れをとっていた人の方が、普通は、謙虚です。学校では、何ごとにつけても要領の良い子供のみが可愛《かわい》がられ、その子供たちはその気になるからです。

さらにまた、普通は子供を持って、育てた経験のある人の方が、その経験のない人よりは謙虚であります。社会において、他に頭を下げずに子供を育てることは、不可能であり、どうしても頭を下げる、という貴重な経験を必要とするからです。

いずれにしましても、私たち肉体人間にとりまして、この謙虚ということはとても大切なポイントですから、各自が繰り返し繰り返し自らの思い上がりを反省、懺悔《ざんげ》していく必要があるのです。ちなみに、私たち地球人一人ひとりの極限までいった、思い上がりこそが、自らを滅亡に追いこもうとしている原因なのです。

さて人間は、たとえどんなに偉そうなことをいったところで、また、どんなに社会的に地位があったとしても、所詮は弱き「小羊《こひつじ》」です。なかには、背後に働く力の関係で少しは立派な聖人もおられますが、そのような魂はせいぜい世界で数人であります。

ですから、この二〇世紀末という、人類はじまって以来の危機である今に生まれ合わせ、存在し合って「同じ釜」のご飯を食べているご縁を尊び、何とかお互いが仲良く、いたわり合ってやっていかなくてはならないのです。あなたはそれでも、たった八〇年か一〇〇年のこの肉体世界での人生を、大切な勉強の時を、恨みや妬み、争いなどのために使うのでしょうか。これからも、えげつない弱肉強食の生き方を「謳《おう》歌《か》」していくのでしょうか?

世間では、自分のことを棚に上げて、他人のあらを捜し、悪口や非難をしている人がほとんどです。しかし大神様でさえ、人を裁いたりはなさらないのでして、人が人の善悪、上下の判定を下すことは許されないのです。そのような能力が、あるはずもないのです。

またなかには、いつまでも自分の「非」を責め続け、ますます自分の運命を不幸にしている人もあります（すべての災いは、自分が自分を責めて、望んでいることから起きる。反省はとても重要だが、いつまでも自分を責め続ける生き方は、改めなくては、人間は救われない）。

いずれにしましても、他を責め、また自分を責め、というような生き方を、人間は繰り返してきたわけです。

しかしながら、いよいよこの考えを改めなければ、地球人類は滅び去ってしまう危機にあります。この宇宙間に起きてくることは、結果的にはすべて「良いこと」であるので、誰も他を責める必要もなければ、自分を責める必要もないからです。そして、本当のことを申し上げれば、すべてのことは、川の流れのようなものであって、善でも悪でもないからです。

皆さん、よく考えて見て下さい。私たちは、長い間、輪廻転生を繰り返して、その途中、現在の地球世界に立ち寄っているわけです。そして、やがては、他の星の救済に出掛けて行く番になるのですが、今までの数多くの人生（過去世）の中では、誰もがさんざん残酷なことをしたり、さんざん非道なことをされてきたり、しているわけです。ただ、神様のご愛念によって、表面意識では覚えていないだけなのです。

でありますから、どの人が善人だ、などといってもタカが知れていますし、また、誰は悪人だ、などといってもタカが知れているのです。

昔から、「大神様から見れば、釈迦やイエスも鼻たれ小憎」といわれているのですから、私たちなど一人残らず「大悪人」同士なのです。皆、ただの助兵衛ジジイ、ただのオバハンなのです。

皆さんはお風呂に入る時、どうされるでしょうか？　おそらく、裸で入ることと思います。まさか、自分は偉いからといって、ＲＯＬＥＸをして、ＢＭＷに乗ったままお風呂に入るという人は、まずいないでしょう。

そうです。私たち肉体人間が「あの世」に持っていけるものは、お風呂場に持っていける程度のものでしかないのです。東大を出ても、天国への推薦入学は、できないのです。

入浴の本来の意味は、身も心も裸になって生まれ変わろうという、穢《みそ》ぎの意味があるのです。私たちはお風呂に入る度に、身体の垢《あか》だけでなく、心の垢をもよく洗い流していかなければなりません。

そして今生こそは、後悔なきよう、有意義に、欲少なく生きていく必要があるのです。

よく、考えて見て下さい。

私たちが健康に支障をきたした時、一万円札や五千円札よりも、ティッシュ・ペーパー一枚が必要な時があります。お金は、確かに大切です。何をするにも必要だからです。しかし、多くの人を蹴落《けお》とし、仲間の足を引っ張ってまで巨万の富を得る必要はあるでしょうか……。

人間は、結局は神様の心境にたち還る

この章の、前項のところで「肉体人間は、みんな悪人」というお話をしましたが、それは、あくまで人間が成長していく過程の一コマ、つまり現時点での私たちの仮の姿であって、決して、本来の性質ではないのです。そしてまた、今後も続くことではないのです。

なぜならば、本来人間は神様の子供であって、神様そのものでさえあるからです。でありますから、今はまだ、あまりにも幼い生き方をしている私たちも、いずれはまた、私たち本来の心境、つまりは神様そのものの心に還《かえ》っていくのです。それが、いわゆる「進歩、進化」といわれているものです。

そこで、私たちは考えてみる必要があるのです。もし、私たち肉体人間に魂の成長、つまり本来の姿への回帰が宿命づけられているとするのなら、この際奮起して、一日も早く自分を高めて、清々しい心境になってしまった方が得であり、楽であるのでは

ないかと……（私たち肉体人間は、一人残らず、神なる姿へ還っていくように、はじめから宿命づけられているのです）。

私たちは神様の子供であります。外来宗教のいうように、決して、罪の子ではないのです。でありますから、そう遠くない将来、神様の子供にふさわしい心境、神様らしき人間に戻っていかなくてはならないのです。ところが現在の私たちの心境は、まだあまりにも幼いのです。本来の、神の心境にかえっていくためには、やり残した宿題をやらなければならないのです。

そして、その宿題の問題は少々難しい面はあっても、決して多いものでも、超能力を必要とするものでもないのです。ただ、私たちが、己の人格を上げるということ、一つだからです。

この宿題は、学校の宿題などとは違って、なにがなんでもやらなければならないものなのです。実は私たちは、たった一問の、この宿題をきちんとやらないがために何生も何十生も、この肉体世界に「いのこり勉強」に（輪廻転生して）来ているわけです（出来の悪い生徒が、この地球界に送られたのでしょう）。

ここでよく考えなければならないことは、この宿題は、本人がやる気になれば、何生も何十生はおろか、一生もかからないですませてしまうことができるということなのです。

そして、本人がやる気になって取り組まない限りは、永久に終わらせることができないということです。またこの宿題は、誰も手伝ったり、代わりにやったりすることはできない、カンニングもできない、ということなのです。

ところで、今生においてこの宿題をすませた人、つまり、ある程度まで人格を高めていった人（とてつもなく、高度である必要はないとされている）は、肉体なき後どうなるのでしょうか。

実は、今度は肉体界での修行を終えて、自分の子孫、縁者の守護の神霊方の補佐（副守護霊）になったり、霊的に縁ある地方、地域などを守護、統轄する役割が与えられたりするようになるのです（魂の出世）。そしてその役割の大小は、その御魂のレベルによって違いがあるのです。

ですから、私たちもいつまでものんき気に構えて、自己を甘やかしているのではなく、この「今生」で、なにがなんでも自己の大成長を成しとげる決意をしなくてはならないのです。

その時は、まさに今です。たった今その決意ができなくて、一体、いつできるのでしょうか？　私たちは一日も早く、得ても小さな目の先の利を捨てて、限りなく大きい本当の利（魂の出世）を得ようではありませんか。

本当に得する生き方とは、真理に則った生き方をすることである

私たち肉体人間の歴史は、欲のかたまりの歴史でありました。もともと、一遍にすべての人々が幸福になれる道（方法）があるのに、他から何かを奪いとった分しか幸福になれないと思い込み、「幸福は、他から奪いとるもの」という、基本概念ができ上がってしまったのです。

ところが、欲は欲でよかったのですが、あまりにも、目の先の損得ばかりに気をとられてしまったため、かえって、本当の意味での、深い意味での得を取り損なってし

まったのです。

私は思うのです。私たち肉体人間が欲張りなのは仕方ないとしても、どうせ欲張るのなら、何故もっと、本当の深い意味での得をねらわない（損得に敏感にならない）のかと……。大きな「獲物」をねらわないのかと……。

さていうまでもなく、世界で一番得な生き方、合理的な生き方（科学的な生き方）は、できる限り真理（神意）に沿った、心穏やかな生き方をすることなのです。

そしてこの生き方は、「大宇宙の法則」や「九ヵ条」「十三ヵ条」に反しない生き方をすればできうるのです。またあえていえば、「陰の人生」にも通じるのであります。同時に、皆が幸せになれる生き方、和の生き方を心掛けたいものです。

ところで、本当に得な生き方をする場合に注意しなくてはならないことは、やはり時間の使い方です。世間ではどちらかというと、時間より、お金の方が大切に扱われる風潮がありますが、生命とは、ある意味で時間のことであり、時間が生命のことであることを考えますと、お金には比べものにならないほど、時間は大切なものなのです。

また私たちが、お金を大切なものとしている根底にも、「まとまったお金を稼ぐには多くの時間、年月を必要とする」という考えがあってのことなのです。

ですから、かけがえのない自分自身の時間を、気が進まない人付き合いなどに費やすことは、波動的に月日の経つのがかつてないほど速くなった今日では、もったいないこととわざるを得ないのです。

私たちに、身分の区別なく与えられた（預けられた）一年、三六五日間の自分の時間を有意義に使わなくてはならないし、他者の時間もまた、大切にしなくてはならないのです。

その一環として家事、雑用は家族みんなで協力してすませる。仕事上の会議、打ち合わせなどは数を減らすなどの、思いきった工夫が必要と思われます。

特に日本の社会では人付き合いというものがとても重要視され、仕事が終わった後も深夜まで会社の仲間と飲み明かし、また、休日にも会社の上司とゴルフに出掛ける、というような風潮が根強くあるようですが、お互いの時間を拘束し、間違えば自分の人生の主役を、他人や自分を使っている会社にしてしまうような悪風習は、改めていくべき時に来ているようです。もちろん、人間は周囲のおかげで生かされているのですから、人付き合いも、もちろんある程度は必要です。しかしながら、あくまで、自分の人生の主人公は自分なのです。

人類危急存亡の時である今、あなたは、残された自分の人生をどのように過ごされますか？

今までは良しとして、これからの生活、生き方をどうされますか？

いわゆる成功をねらいますか？　それとも、本当の成功を希望しますか？

自分が、本当にしたいことをする！

人間はそれぞれ、自分の趣味、志向を持っております。子供の頃からの夢や希望があるはずです。しかしながら、多くの人は、自分の意志に反した仕事に就き、顔に苦渋の表情を浮かべながら、毎日、自宅と会社とを往復している、こんな人生ではないでしょうか。

通勤電車で仕事に通う人々の顔は、どうしてあんなに暗いのでしょうか？　その顔を、鏡に映して見たことがあるでしょうか？　それは、その人の魂が幸せや満足を感じていないからなのです。いやいや義務感で仕事をしたり、人生を送っているからなのです。

もちろん、自分が好きなことを十分やっていながら、不平、不満を言う人もあります。

しかし、私たちは決して贅沢という意味ではなくて（自分を甘やかす意味ではなくて）、もう少し自分をいたわってあげてもよいと思うのです。

もう一度、五歳か一〇歳の頃、または、学生の頃の自分に返って考えてみて下さい。一体、「わたし」は何をやりたいのか？　一体、「僕ちゃん」は何になりたいのか？

天は、人間に「自由」という宝物を与えて（預けて）下さいました。しかしながら私たち肉体人間は、この自由の意味を勘違いしてしまいました。あくまで和を基本として、歴史を築かなくてはならなかったのに、宗教戦争の繰り返しで来てしまいました。

一方「自由」を、良い方に使うことにも慣れていなかった人間は、自らの人生は自らが主役であるという、大切なことをも忘れがちとなってしまいました。

ですから会社や組織など大きなものによりかかり、いやでも、その命令に従うことで、何とか人生を過ごしていこうとする、依存型の人が多くなったのです。そしてそれは、消極的な「和」の道ではあったのですが、個人個人の、尊い個性が犠牲になった上での「和」であって、真に、人間が活き活きと生きている姿にはほど遠いのでした。

そこで、人が人として生きるためには、やはり自分の人生途上において、できうることなら、少なくとも一時期（一回）は自分がやりたいことをやってみる必要があるのです。

とかく教育の現場では、「科目」ということを楯にして、尊い人間（生徒）に順位をつけたりしておりますが、実は、人は一人ひとりが天才なのであります。この大宇宙に、その人は一人だからです。それを、他と比較すること自体が大きな誤りなのです。

そして自分がやりたいことをはじめる際には、自分が現在置かれている立場、環境、年齢などさまざまなしがらみを一度払拭して、周囲の目や世間を気にすることなく、勇気を持って行動することが大切です（ただし、いくら自分がしたいことといっても、道に間違ったことや自己を堕落させるようなこと。つまり、「業《ごう》の自分」が、望んでいることではなりません）。

さて、多くの人たちが若き日に、またはある時期に自分の進みたい道をあきらめて、無難と思われる人生に切り換えてきた理由の一つには、「安全志向」があると思われます。「自分の好きなことをやって成功すればよいけれども、もしもうまくいかなかったら、みんなに笑われる……」という見栄があるのです。

しかしながら、終身雇用制度が崩れた今、自分が無難だと思ったコースが今後も無難かはわかりませんし、どちらにしろ、どうせ人生は勉強、修行の場であるのですから、かりに失敗しても構わないのです。やってみたいことを、やってみるということ自体に意義があると思うのです（内容の選定には注意が必要です）。

私は、決して安易な「脱サラ」などを、すすめているのではありません。強力な不景気の中、サラリーマンしかしたことのない人が新規事業（商売）を興しても、うまくいくかはわからないからです。ただここで、今までの人生に何かをプラスしてみる、部分的にでよいから、改良を加えてみるということをおすすめしたいのです。

何ごとも、やってみて失敗した後悔よりも、やらない後悔の方が大きいものです。自分が晩年になった時、「やはり、やってみたかった。自分の意志を貫けばよかった」と後悔するのは、辛くさみしく、怖いことだと思うのです。

他の忠告やアドバイスには、一度は、よく耳を傾けるべきであります。しかしながら、その是非を判断する義務と権利は、自分自身にあるのです（責任も自分にあります）。

他人の意見に従うことの難しさ、また、アドバイスをすることの責任の重さを、私たちは再考しなくてはならないと思います。

ところでこうして、私たち肉体人間があれこれ悩んでいる間にも、私たちの背後では、複数の守護霊様が「わが子」の現在や将来について、全身全霊を込めて画策、検討して下さっているのですから、私たちは決してそのことを忘れることなく、すべてを、守護霊様に委ねていくことがもっとも大切なのです。

そしてそのことこそが、真の自分が主役として、主人公として生きる人生、ということになるのです。

この世で最高の道楽は、自分自身を高めることである

道楽とは何でしょうか？ きっと文字通り、道（人生）を楽しむこと、または楽しい道、楽しく道を歩むことなのでしょう。

それでは人生で、最高の道楽は何でしょうか？ 酒でしょうか？ 女性でしょうか？ 釣りでしょうか？ ゴルフでしょうか？ 麻雀でしょうか？ パチンコでしょうか？ 旅行でしょうか？ 海でも眺めて寝ていることでしょうか？……。

私は、自分自身を高めることだと思うのです。少々のことで泣きごとをいわない自分、少々のことでかっかと怒らない自分、少々のことで他者と争わない自分になれたら、どんなに楽しいことでしょう。どんなに、心安らかでいられるでしょう。そして、どんなに得でしょう。

あなたは、ご自分の若い時の写真をお持ちですか？　以前の自動車の免許証でもよろしいから、今の顔と比べて見て下さい。どうでしょうか？　老けてしまいましたでしょう？　ひねてしまったでしょう？

私たち人間の心は弱いから、ちょっと油断をする隙にどんどんすれて、老いてしまうのです。それで、「すれっ枯らし」というのでしょうか……。

そしてこれからも、この勢いで自分が下降していってしまうことを、恐ろしいとは思いませんか？

人間は日々、成長していかなくてはならないのです。年輪を重ねるごとに、純粋になっていかなければならないのです。そして肉体を脱ぎ捨てた後は、それこそ天使のように、天界から自分の子孫たちを守り導いていかなくてはならないのです。

もう、怒るのはこりごりだと思いませんか？　もう、他と争うのはこりごりだと思いませんか？　これからは、少しでも心穏やかな人間になれるよう、共に努めていこうではありませんか！

たった今、幸福と思えなければ、永久に幸福にはなれない

私たち地球人類は、いつの時代も「青い鳥」を追い求めてきました。そしてその鳥に、「こうふく」という名前を付けました。人類は、その数少ない鳥を見つけ、自分のものとするために、あまりに長い時間やお金をかけてきました。精神力、科学力を駆使して争ってもきました。

ところが私たちは、今もってまだ、その青い鳥をつかまえることができません。一体、なぜでしょうか？　答えは簡単です。青い鳥は、はじめからすべての人々の家に、また心の中にいるものだから、外へ捜しに行っても見つからなかったのは当然のことです。

幸福とは、どこからかやって来るものでも、作り出すものでも、他から奪いとるものでもないのです。ただ今という時を、そのまま幸福と思えること、そのことが「幸福」なのです。

これだけは、心に叩きこんで生きよう！

この世に生を享けさせていただいたこと、そして、誕生以来、ただの一瞬も途切れることなく、今もなお生命を継続していただいていること、そんな儲けもののことを幸福といわずに、一体、何を幸福というのでしょうか？　それ以上、何を望むのでしょうか？

第一この大宇宙には、もともと幸福というものも、不幸というものもないのです。また、良いことというものも悪いことというものもないのです。私たちの大宇宙でさえ、ただ「そこ」にあるだけなのです。私たちは、とかくすべてのものごとに良いとか悪いとかいう、相対的な形容詞をつける考え方をし、またすべてのものには、何かの状態が起きている、何かが進行しているというように思いたい癖、習慣がありますが、これらは肉体人間の迷妄（迷い、勘違い、思い込み）なのです。

この大宇宙は常に変化、進歩し、かつ空無なのです。ちなみに、空無とは何も無いことではなく、「有る」も「無い」も、ないことをいいます。

今、いちばん新しい生活とは、自給自足の生活である

私たちは、なぜ働いているのでしょうか？　なぜ、眠い目をこすって、生命がけで、交通機関を利用して会社に出掛けて行くのでしょうか？　それは、仕事をするためでありましょう。それでは、仕事とは何でありましょうか？　仕事とは、次から次へと、新しいものを作り出すことでありましょう。それではどうして、私たちは限りある資源をムダに使ってまで、そしてたくさんの公害を出してまで、次から次へと新しいものを作り出さなくてはならないのでしょうか？　それは、常に目新しいものを発明、生産、製造していかなければ、商品がたくさん売れないからでありましょう。

こうしてある時、自給自足という基本を放棄してから、何かを作って売ることによって食物を買うようになりました。これが産業の始まりです。

そして私たち人間は、時代が進むに連れて誠にさまざまなものを作り出し、商品化していき、文明、文化は発展していきました。ところが、今ではそれも行きつくとこ

ろまで行って、ついには、自らを自滅に導く核兵器の発明、製造、販売という、時代になってしまいました。

そこで、さすがに大神様は、私たち人類に「救済のための手紙」を下さいました。その一つが、近年私たちが問題にしております「不景気」（普景気）なのです。どうして、新しいものを作っても、売れ行きが伸びないのでしょうか？ 答えは、簡単なのです。大神様が「もう、作ってはならぬ」とのご意志なのですから、私たちが人間の身分で、このご神意に逆らっても売れるはずがないのです。

そして今までは、広がるだけ広がって細分化されていた各種の産業は、今後急速に淘汰され、シンプルになっていきます。

人間の生活に必要な最低限の業種、つまり医療、食品、通信、郵政、運輸、教育などを除いて、他は消滅してくでしょう。そして競争、つまり争いの少ない社会へと転換していきます。

さて、今後の私たちの生活ですが、今まではより良い生活、より贅沢《ぜいたく》な生活をするためには自分の収入をアップさせればよい、というパターンの社会でした。ところが、物が売れなくなり、さまざまな商品の価格破壊が進み、給料のアップも容易ではなくなった今、この考え方は通用しなくなってしまいました。

それでは、どのようにすれば（物質的）生活レベルの低下を防ぐことができるでしょうか？

それは、お金の使い方を、もう一度ここで見直すことによって可能なのです。私たちの生活の豊かさは、何によって決まるのでしょうか？　その人の収入の額でしょうか？　それは、収入が多ければその分、物質的、精神的に豊かな生活が送れるのは当然です。

しかし実際には、それだけで決められるものではありません。

ある人の生活が豊かであるか？　また、そうでないか？　は、たとえば、その人が月々得た収入から、その人が生活するためにかかった生活費を引いて、残った金額の多い少ないによって決まるのです。ですから、たとえば他の人の何倍もの収入があっても、生活費が他の人の何倍もかかる人、または各種の月々の返済がある人などはハタが思うほど楽な生活ではないのです。

また、これとは逆に、月々の総収入は他の人より少ないけれども、生活そのものが質素で生活費がかからない人、月々、返済すべき借金がない人の生活は、本人にとっては案外楽なのです。大切なのは、収入そのものよりも「月々残る金額」なのです。

そこで私たちには、良い意味での節約ということが必要になってきます。それには、必要なものなのに買わないで我慢するとかいうお寒い方法ではなくて、生活費そのものが、今までよりも安くてすむような方法が必要なのです。

その方法が、自分たちの食糧、電気などの「自給自足化運動」なのです。

確かに、私たちの生活は昔より豊かになり、生活費イコール食糧化という時代ではなくなりました。しかしながら、食品類の価格は一部の他のものに比べて相変わらず高く、私たちの家計に大きな割合を占めていることに変わりはありません。

ここで、どうでしょうか？　もし私たちが、自分と自分の家族が食べる野菜だけでも、自分の家で作ることができたら、少しはスーパー・マーケットに買物に行く回数が減り、結果、生活費の軽減につながるのではないでしょうか？　ここで大切なことは割高な「無農薬野菜」などをよそから買ってくることではなく、「安全で、安価な食品」を、自らの家で作ることなのです。

まずは、植木鉢に何かを植えてもよいでしょう。軒先やベランダにミニ農園を作ってもよいでしょう。そして、できた作物を、仲間と交換してもよいでしょう。

ところで、近年、関心が寄せられているいわゆる健康食品、自然食品のブームに便乗する形で、「自然農法」ということが盛んにいわれるようになりました。

確かに無農薬、低農薬、あるいは有機栽培などは結構なことだろうと思うのですが、「自然農法」に、「○○式」などの名称を付け、各種の関連商品を売ったり、「○○式パワー」などで、安易に農作物の収穫量を増やすなどのことをすすめるところもあるようですが、それはあくまで「○○式農法」というべきものであって、万人が受け入れることのできる「教え」ではないように思われます。

私は思うのです。本当の自然農法とは、その農法に名称を付けることもなく、ただ太陽と水と大地と作物への感謝の心によって、昔ながらのやり方で当たり前に行なう農法のことではないかと……。そして、本当の自然農法を実践されている人は、あえて「私は自然農法をやっております」などとはいわないであろうと……。

幸福の基本は、安全と健康である

今日も、奇蹟的にお天道様は昇って下さいました。大神様のご愛念によって、辛うじて私たちの地球世界は存続しております。しかしこの奇蹟が、平安な日々が、明日も続く保証はどこにもないのです。

もし万一、首都圏で関東大震災クラスの地震が起こったら、川崎市内から出るガレキを東京湾に埋めるだけで湾は埋まり、それでもガレキが余る……。こんなことがいわれております。

つきつめて考えていきますと、この世的な面では幸福とは安全と健康という、二言《ふたこと》に尽きるのです。身の安全、つまり生命の安全と健康があって、はじめてその上、その次が考えられるからです。

この二つがなくて、他のものがある幸せというのは、ありえないからです。

そして私たちは、自らの安全と健康を持続させるために、「和の心」をなにがなんでも己のものとしなくてはならないのです。かつて経済状況が安定している時に、一万円札にお姿のありました聖者、聖徳太子の「憲法十七条」の一、「和《やわらぎ》を以て貴しと為《し》、忤《さから》うこと無きを宗と為《せ》よ……」の心を忘れてはならないのです。

そして、何よりも大切な祈りの生活を忘れてはならないのです。

真理はわかる人にはわかり、わからない人にはわからない

一般に私たちは目という器官でものを見ている、と思っております。また私たちは耳という器官でものを聴いていると思っています。それは確かにそうでありましょう。しかし本当は、私たちは目や耳を通して各種の情報を取り入れ、それを自分の心というフィルターにかけて、判断を下しているのです。ですから、まったく同じものを見ても、人によって感想は異なり、まったく早く同じことを聴いても、人によって受け取り方、理解の程度、仕方には雲泥の差があるのです。たとえばここに、丸いものがあっても、自分の心が正しくなければ、また自分に真にものを見る目がなければ、

決して丸いものとして見ることはできないということです。これは、ものの真実の姿を見ることはできないということです。

たとえば、円盤（未確認ではないので、UFOなどと失礼なことをいってはなりません）を見る人がいます。それ自体はなんら珍しいことでも、不思議なことでもないのですが、同じ時、同じ場所に居合わせても、ある人には見え、ある人には見えないということがあるのです。それは、人が違えば心が違うから、起きてくる現象なのです。また、ある人を見ても、人はそれぞれ違った感想を持ちます。それは、人間が心でものを見ているからなのです。

このように人間は、一人ひとりが誠に千差万別な考え方を持っております。そして現実問題としましては、真理に対する理解力には特に、人による開きがあります（本当の「頭が良い」とは、ものの真偽を見極める目があり、また真理を理解する能力があることをいうのです）。

「いつの時代にも、本当の真理に巡り合うことができ、また、本当の真理を理解できる感性、素質を持つ者の数はあまりにも少ない（いないに近い）」という言葉がありますが、今までの人類の歴史を見る限り、まったくの事実だったのです。

しかしながら、いよいよ大宇宙の機は熟し、何が本当の真理であって、何がそうではないのか？　ということが、いわゆる「科学的」に証明される時期は、遠からず来ます。

そしていったんそれが明確になれば、もはや、信じるとか信じないとかの段階ではなく、全世界の人々が、一人残らず、同一のものを「普遍の真理」として認めないわけにはいかなくなります。

なにより大切なことは、ただ、そのような時を待っているのではなくて、自分の心を高めることによって、「ものを、正しく見極める目」を一刻も早く養うことです。そして、すでに「誤てるものを、正しいものとして信じる者」は、あらゆる状況によって「自然淘汰」される時代に入っているのです。

世の中で一番恐ろしいことは、多くの肉体人間が、今もなお神をも畏《おそ》れぬ傲慢《ごうまん》な想いでいることなのです……。

シンプル・ライフのすすめ

私たちは、今まであらゆる産業を発展させ、文明、文化の華を開かせました。しかしながら、世の中はあまりにも複雑化してしまいました。その結果として、個人も社会も、背負いきれないほどの難問をたくさん抱えてしまったのです。

私は、長年にわたる指導経験から、それらの問題の解決は小手先の中途半端な方法では不可能であるとの結論を得ました。もちろん、私たち人間の心境が著しく高まればできえないことではないのですが、現状を考える時、期待できないと思います。

それでは、どのようにすれば、私たちの心の負担を軽くしていくことができるでしょうか？

それには、よい意味での退去、撤退、遠慮、譲渡、縮小、解散、解体、中止、諦め、脱退、逃げ、負けたふり、鎖国政策が必要なのです。

現代という時代は、一人の人間が、あまりにも多くのものごとに関係しております。

たとえば、あなたは何枚のクレジット・カードをお持ちですか？　またあなたは、何冊の預金通帳をお持ちですか？　また、いくつの保険に入っておられますか？　そして、何人の友人、知人と付き合っておられますか？　もしかして、数えてみなければわからないほど、あるのではないでしょうか？　引越しの後、住所変更の手続きが負担になるほど、さまざまな「付き合い」があるのではないでしょうか？　何でも多いことが良いことだという、錯覚におちいってはいないでしょうか？

実は、この、数や量が多いことが良いことだというような考え方こそが、物のみにとらわれた唯物論なのでありまして、一度この考えを離れなくては、「末法」の世にいる私たちに救いはないのです。

現在世の中にはかつてないほどの人間、企業、物、情報、システムなどが溢れています。そして残念なことに、その多くが「間違ったもの」、真理に適わないものです。私たちはまず、このことをよく認識しておく必要があります。

また私たちがさまざまな人や企業、物、情報、システムなどに関わっていく時、それらの持っている、主に悪い波動の影響を強く受けることになります。私たち自身が醸し出す波動（生命エネルギー）が先方に流れていくことになるのです。

たとえばある人が、どちらかといって他人の恨みを買うようなことをしている会社に勤めていれば、世間から来る恨みの念を、その会社の社員や家族が分担して背負うことになります。

私たちは常にあらゆる人やものと交流をしているわけですが、なにかに自分の名前を連ねる（載せる、登録する）ことによって、その団体や会の持つ固有の波動の影響を強く受けることになるのです。

ですから、あまりにも尊い自分の運命を防衛して、成長させていくためには、厳しい目をもって、付き合う人やものを選択していく必要があるわけです。そして世の中には、悪気はないものの、縁ある人に対してあまりにも強力な悪影響を、知らぬうちにもたらす運命を持つ人間がいるということを知っておく必要があります。

もちろん、私たちが特定の会や組織に「入会」することによって、それが、真に優良な波動を醸し出しているものであれば、その恩恵をいただくことができるわけですが、「末法」の世にあって、「優良なもの」は実に少なくなっているのが現状です。

シンプル・ライフのポイントは、人付き合いです。現在、「人脈交流の会」などが盛んに行なわれていますが、かりに人脈を作り、国内各地や海外にまで交際範囲を広げても、自分の器がなければ、この世的に考えても霊的に考えても、負担や損失ばかりが多くなってしまうことをすべての人が知るべきなのです。

昔、交通機関や通信手段があまり発達していなかった頃、人は、自分が生まれ育った村や町の人たちのみと交流し、生活していました。同じ地域で生まれ育った人間は、同じ波動、地（磁）波を帯びており、比較的コミュニケーションがうまくいきます。たとえば山の向こう側であるとか、海の向こう側であるとかいう別の地域の人たちと仲たがいすることはあっても、「同じ村の者同士」は助け合っていたのでした。

ところが、やがて交通機関や通信が発達、普及したことにより、私たちの交際範囲は一気に広がりました。それに伴って、遠方同士の結婚も増えたのですが、それらは、国際結婚の例を見てもわかるように思うほどはうまくいかなかったのです（産土《うぶすな》の神様の、大いなる違いなどのため）。

そして、近年、特に郵便物の量や電話の加入件数、ダイヤル数が大幅に伸びていることでも明らかなように、私たち人間は、多くの遠くの人との交流を計るようになったのであります。その結果、ますます世の中は混乱し、あらゆる問題の根底にある人間関係は悪化し、争いばかりの世の中になってしまったのです。

第一、自分とさえ、自分の家族や親戚とさえ、うまくお付き合いすることができない私たちが、山の向こうや海の向こうの見知らぬ町の人とうまくやれるわけがないのです（また自分および自分の家族や数ある自分の先祖さえ救えていない私たちに、他人《ひと》助けができるはずがないのです）。

私たちは今こそ、自分たちの器の小ささ、精神性の幼さを自覚し、交際範囲の縮小、整理を断行しなくてはならないのです。私たちは食べるものだけでなく、交際の面においてこそ、「身土不二」の法則を適用しなくてはなりません。

次に、私たちがシンプル・ライフを送るためには、努めて有形無形の借し貸りをしないことが大切なものです。念のため申し上げておきますけれども、人間社会のいわゆる義理や人情、そして恩などは大切であります。

しかしながら、恩人に誘われたからといって、一緒に泥棒に入ってよいというものではありませんし、必要以上に行き来をせず、また貸し借りを作らないことがお互いにとって、有益、無難であるお付き合いがあることも知っておく必要があります。

人間は本来、信じ合って生活していかなくてはなりません。しかし、世は不況であり、多くの人々が困っております。そうしたさまざまな状況を見る時、相手をあてにし過ぎ、信じ過ぎたことによるトラブルが多いように思われてなりません。相手への行き過ぎた過信は、万一何かあった場合、相手への憎しみとなりやすいこと、そしてそれは、お互いにとってマイナスであることを知っておく必要があると思います。

またシンプル・ライフを送るためには、勇気を持って、「やらない」こと、「やめること」が必要です。

私たち人間はあまりにも長い間、大きさ、広さや量にこだわってきました。万事において、「大は小を兼ねる」という神話を誰一人として疑わずにきました。

ところが、今日のように経済状況が変化し、何か（土地やお金、地位など）を持っている人たちが、逆に苦しむ時代になりました。東京でさえ、貸ビルががら空きで、家賃の滞納や大幅値下げは今や「常識」であり、かつては、土地や株、あるいはゴルフ場の会員権などをころがしていた貸ビルのオーナーや大小の不動産業者は、銀行への返済不能と巨額の固定資産税、所得税によって次々と廃業に追い込まれております。部屋を貸そうにも、借り手なく、また、思いきって物件（家屋）を手放そうにも買い手なし。……こんな時代は、かつてなかったのです。

さらに深刻なのが、「地位」を持つ企業の経営者の方々です。景気がわるいからといって新しいものを作らないわけにもいかず、かといって商品は売れず、食庫代はかさむ……。たくさんの社員を抱えて会社をつぶすわけにもいかず、借金ばかりが増える。退職させた者からは永久に恨まれる。そのうちお金を貸してくれるところもなく、かといって、会社の恥をそうあちこちにいいふらして歩くわけにもいかず、一人孤立してしまう……。実は、このような会社が山のようにあるわけです。

私は、はっきりと申し上げたい。

このようなところは、早くつぶしてしまいなさいと……。少しは余力があるうちにつぶしてしまう方が、世の中に対する迷惑や混乱も少なくてすむのですよ、と。人間生きていれば（生かされていれば）、またはい上がれるのですよ、と。首をくってしまったら、取り返しがつかないのですよ、と。今まで、(自分の器で) やってこれたことが奇蹟だと思えば (事実そうなのです。経営は人智ではでき得ない)、なんということはないではありませんか、と。普通の人に戻るだけではないですか、と。

ところで昔は、銀行に預金をしたりするのはよほどの商人か、お金持ちだけでした。ところが、どうでしょうか? 今や、子供までが預金通帳や電話を持ち、「財産状況」などを管理されているのです。一体、一つのご家庭に何通の預金通帳があるでしょうか?

また、山のように種類があるクレジット・カード。あなたは、何枚お持ちでしょうか? そしてご家族全部では、いったい何枚になるでしょうか?

昔は、お金がないのに何かを買うとか、後払いで何かを買うとか、分割払いで何かを買うとかいう考え方、システムはありませんでした。クレジットで買い物ができる丸井や緑屋が街にできた時、私たちはおどろいたものでした。そして恥ずかしいから、友人や知人に会わないように、注意しながら買物をしたものでした。

ところが、今はどうでしょう?

もし、家や車を現金で買うという人がいたら、かえっておかしく思われるのではないでしょうか？

皆さん、何かが間違っていると思いませんか？　何もかもがおかしな方向へいってしまったと、思いませんか？

私は、いつも思うのです。自分の先祖の供養を一つしたことのない人が、車や家を買っても、良くなっていくわけがないと。神様やご先祖様の「了解」も得ず、借金までして、家屋敷を建てる。――こんな考え方が土台、間違っているのだと。そして、もし、その人が返せなければ、その「ツケ」は運命的なものも含めて子孫に行くのだと。最近流行の親子二代で支払うという、五〇年ローンなどは、開いた口がふさがらない……。

昔はローン、クレジット、カードなどという、横文字のシステムはなかったのです。それでも、農家でも家が建ったのです。それは、人間の生き方がもっとまともで、世の中全体がまともだったから、自然にできたことなのです。

事業も、今は、商社をまねて、個人までが借金でやる。脱サラをして、生命保険にいくつも入って借金をする。昔から商売をはじめて何とかやっていけるのは、一〇〇人のうち、四～五人といわれています。まして今は、一人いないでしょう……。何をやるかは検討するけれども、商売に一番必要な自分の器（運命）は過信しきって、考えてみない。これでは、馬の運命や騎手の運命は調べるけれども、自分の運命は調べない競馬ファンの人たちと同じではないでしょうか？

今こそ私たちは、「よけいなことをやらない」「再建の難しい事業は、整理する」ことをやる必要があります（起業されたい方には指導いたします）。

皆さんは、上映されてから何年か経った映画を見ることがあるでしょう。その時、どうでしょうか？　それぞれの俳優が、今に比べて若いでしょう？　しかしその分、自分も年をとったということなのです。

人生、まさに「光陰、矢のごとし」です。生活をシンプルにして、心正しく、清々しく日々を送っていきたいものです。

真の「大和民族」たれ！

日本人のことを、「大和民族」といいます。日本の国は「大和の国」、つまり大いなる和、大きな調和の国だからです。

で、あれば、私たちは文字通り「和の人」にならなくてはなりません。そろそろ、幼虫から成虫へと成長しなくてはなりません。

和の人とは、心が穏やかな人のことです。しかし心の奥では、真理に基づいた正義感を持ち、正邪の区分けがはっきりできる感性を備えていなくてはなりません。誰とでも、なにとでも、なあなあになることが和ではありません。内心には、厳しさも必要とするでしょう。

相手の心の中をそっと見抜き、また立場も理解した上でのお付き合い。これが、和の技法です。

たとえ、相手方が間違っていようと、喧嘩をしていたのでは和の人ではありません。

つとめて争いごとは小さく、小さく、これが和の道です。

そして、心安らかに、穏やかに清々しい毎日を送ることです。これが、人生という時を味わう秘訣です。

あとがき

本書を手にとって下さいました、ご縁深きあなた様は、今までも様々な勉強をされてきたことでしょう。そして、もしかしたら、これからも学んでいかれるかもしれません。

しかし、ちょっと待っていただきたいのです。人間の歴史を見て下さい。多くの人々は限りある森林資源や、その他の資源・エネルギーをムダに使って作られた書物によって、あまりにも長い間「学問」することを続けてきました。学問することで、幸せになれるのだと信じてきました。しかし、私たち人間は幸せになったでしょうか？

確かに科学は進歩し、物質文明の恩恵に浴しました。しかしながら、まるでそれに反比例するかのように、私たちの精神は腐りきってしまいました。

その理由は、私たちが「学問」したことによって、宇宙真理をわかったようなつもりになり、取り返しがつかないほどに思い上がってしまったことにあります。もし、学問することによって個人や世の中が幸せになれるのであれば、とっくの昔になっていたはずです。

本書でもお話ししましたように、時代はあまりにも崖《がけ》っ淵《ぷち》です。本当は、考えている暇はありません。しかし、今ならまだ遅くはないですから、次々と新しい勉強をされる前によく考えていただきたいのです。

自分は一体、今日からどうするべきなのか？　と。

どうすることが、自らの真の強運、幸福につながるのか？　と。

その答えが、本書で得られるか、得られないかはっきりするまで繰り返し読んでいただきたいのです。新たな「学び」は、それからでも遅くはないのではないでしょうか。

ポイントは、本当の意味で、自分を大切にすることにあります。宇宙に流れる法則を少しでも垣間見たならば、そして、本当の意味での「欲」があったならば、決して悪口、妬み、恨み、怒り、争いの間違った生き方はできなくなるはずです。

正しい生き方、これは誰のためでもないのです。世界で、否、宇宙で一番可愛《かわい》い自分自身の永久なる幸福のためなのです。それ以外に、自らを強運にし、幸福にする道は決して、ありえないのです。

おしまいになりましたが、未熟な私の研究を今日まで暖かく見守り、多大なご指導とご支援をいただき本書の出版の機会を作って下さいました、たま出版社長の韮澤潤一郎氏に心より感謝申し上げます。

さらに、常に真心あるご指導、ご支援を下さいました、磯部俊行氏、井上敬康氏、大石隆一氏、出版に際し格別なるお力添えを頂きました、たま出版編集部の皆様に対しましても、厚くお礼を申し上げます。

また、ご縁深き読者の皆様、お一人お一人のご健康とご幸福を、心よりお祈りさせていただきます。

二〇〇三年

町田達是

※本書は、『人間向上の秘訣』（一九九五年二月刊）を改題・改訂したものです。

〈著者紹介〉

町田 達是（まちだ さとし）

健康、世界の難病完治法、成功、幸福のノウハウの戦略的プロデューサー。起業、経営、財産形成から、成功哲学、精神世界までのあらゆるジャンルの真実を探求し、その一級情報から世界情勢を見抜く（過去十数年間の予測はすべて的中している）。

不可能と思われていることのほとんどは可能にすることができるという考えから、講演・講座・顧問（企業・団体・商店・個人）、真実かつハイレベルの情報提供、個人指導を行っている。各種のためになる案内の希望者は
satoshi_m-club.3.mahalo@docomo.ne.jp
まで。読者といっしょに事業に取り組み、成功できるシステムあり。

『寶珠の神秘』（さわやか出版社）の出版や「アネモネ」「ハイゲンキ」等の連載で大好評を博し、「ヒューマングラフ」「神秘人」「微笑」などにも大きく取り上げられる。起業、経営、成功や心境の向上に関する各種の講座を開催し、その受講生は各界で広く名を挙げている。

その他、世界の医学、超常医学、療法、健康法研究家。宇宙真理、真の歴史、未来の研究、検証。審神（サニハ）、人物や事象の真贋の見極め。超常現象研究家。開（改）運指導家。「難病完治及び難問完全解決・幸福掌握のための13カ条及び9カ条」創始者。姓名学、方位学研究家（撰名、芸名、改名、方位の撰定）。各種運命学研究家。人物看破法講座。指針（その年の運気、イメージ、ニュアンス、雰囲気、目安）、月運表（開運カレンダー）の作成。ホノルル大学哲学博士（Ph.D.）米国フロリダ州バルハーバー市名誉市民。ＩＦＡＭ国際伝統医学連盟日本人初正式メンバー（ＷＨＯ関連）。日本ホリスティック医学協会専門会員。日本超科学会会員。ＪＰＣ日本超科学綜合センター会員。「素質論」インストラクター。Tokyo School of Luck（代表・楽星良）講師。銀座駅前大学講師。国際気功信息研究所（代表・林厚省）気功医師。中国気功学会理事。中国医療研究会科学術委員。社団法人日本厚生協会理事歴任。

著書に『幸福への招待状』（サンマーク出版刊。17刷のベストセラー。中国語圏でも好評）他。

また、絶対に集客できるチラシ・広告・ホームページ等のコピーライター。絶対に売れる商品名等のネーミングライター。海外生活コンサルタント。企業、社員研修。芸能、音楽関係の企画。ＮＨＫ「ステージ101」のメンバーと結成したジャパン・エコー・シンガーズ（アニメソング、ＣＭソングの吹き込み、有名ライブハウス等でのコンサート活動）及び男性歌謡コーラスグループ「愛かがりとパスポート」元ヴォーカル。ビクターレコードの学芸会、運動会用ソング等を吹き込む（今後も、ＣＤアルバム発売予定）。俳優。一級小型船舶操縦士。国内旅行主任者。第２級海上特殊無線技士。

幸せをつかむとっておきのヒント

2003年 5月 15日　　初版第 1 刷発行

著　者　　町田 達是
発行者　　韮澤 潤一郎
発行所　　株式会社 たま出版
〒160-0004 東京都新宿区四谷4-28-20
☎ 03-5369-3051（代表）
http://www.tamabook.com
振替　00130-5-94804
印刷所　　株式会社平河工業社

ISBN4-8127-0077-9 C0070